U0000872

我和新加坡的情緣

邱進益 著

臺灣商務印書館

目次

自序

我自年青時起，即立志將來從事外交工作，希望能在國際壇坫中，維護國家的權益。經過了若干年的努力，終於在民國五十年（1961年）通過了「外交及領事人員」的特考，而於1962年5月進入外交部服務。我在外交界服務，至1988年10月，在駐史瓦濟蘭王國大使任內，奉調至總統府出任副秘書長為止，共計約二十七年之久。

我入外交部服務，最初分發在歐洲司辦事，曾兼管英國及大英國協事務。1963年馬來西亞聯邦成立，新加坡即為其一邦。但隨後星馬雙方因為種族、社會、文化、經濟等方面的衝突，使新加坡決定脫離馬來西亞聯邦而獨立，時在1965年8月。那時新加坡總理李光耀先生含淚宣佈獨立宣言的情景，頗使人感動。這是最早我對新加坡的印象。

1979年我奉調回國出任歐洲司副司長，於返國途中，特別繞道至新加坡一遊，那時新加坡雖已建國十四年，但千頭萬緒，一切仍待建設之中，其生活水準並不高過台灣。1983年我出任外交部禮賓司長以後，由於李光耀總理每年一到兩次的訪台，使得我對新加坡以及星國的政要，有進一步的認識。

1988年11月我出任總統府副秘書長以後，又曾安排李總統登輝伉儷於1989年3月到新加坡進行國事訪問。以後隨著兩岸關係的發展，大陸「海峽兩岸關係協會」與台灣「海峽交流基金會」進行互動，而有舉辦兩會會談之議。我又奉命祕密赴新加坡會晤李光耀總理作種種安排。1993年3月我正式出任「海峽交流基金會」的副董事長兼秘書長，全面負責辜汪會談的策劃及協調工作，終至於1993年4月27-29日參加了辜汪會談的全程會議，完成了層峰所交付給我的任務。

辜汪會談一年之後，我又奉命出任我國駐新加坡的特任代表。這使我對新加坡國情與人民更加了解，亦使我對新加坡的感情更為加深，在任內更結交了許多新加坡的朋友，而我與在星的台灣朋友間的交情，亦可以說到了水乳交融的地步。我在新加坡任內的任期只有兩年半，但卻是我一輩子外交生涯中，最快樂、最舒適、最愜意的一任，對於能在新加坡劃上我外交生涯的句點，我至今感到榮幸與安慰。加上了新加坡的任期，我在外交界服務已達到整整三十年。三十年一路走來，無怨無悔，深覺人生並無虛度！

2002年，新加坡「台北工商協會」的會刊，改版改名為「新緣」。當時的會長王清鎮兄函我盼為「新緣」寫稿。自忖我自1960年代即關心新加坡，以致以後與新加坡似乎結了不解之緣，於是勇敢承諾，每期撰寫一篇，居然連載了三十四期，前後八個年頭，清鎮兄當年即盼以後能集結出書。為了不負在星朋友們的希望，「我和新加坡的情

緣」終於在今日面世，作為我生命中回憶的一部分。

　　本書之所以能夠出版，首先要感謝當時任「台北工商協會」會長的王清鎮兄，以及鍾仕達兄、黃石安兄等等朋友的鼓勵與支持。感謝新加坡台北工商協會秘書處的徐秀珍小姐，她不僅熱心催稿，而且將連載三十四期的文章，集結成為電子檔，以便出書。感謝台灣商務印書館的總編輯方鵬程兄、主編葉幗英小姐、美編吳郁婷小姐的協助。更要感謝的是我以前在「日月光文教基金會」的同事張淑芬小姐，沒有她每期為我電腦打字，為我校對，今天這本書就無法和讀者見面了。本書之作，她的功勞應居一半。

　　最後感謝內子程芷英女士，如果不是她的悉心照應，我在1995年所得的GBS症，可能早向閻王報到了，哪會還有今天？

作者

二〇一〇年八月二十四日

於台北孤陋齋

1 緣起：初履獅城

作者伉儷

　　1961年，我通過台北「外交領事人員」的特考，正式加入外交部行列，被分發到歐洲司服務。歐洲司當時分為四科，一科總管大英國協及其屬地；二科管法國及其海外屬地；三科管德、奧、瑞士、希臘、西葡、北歐及東歐；四科管全世界的僑務。我被分發至三科服務。但那時歐洲司人手不足，有時候又要兼管一科的業務。當時的新加坡仍為英屬自治領，故在一科的管轄範圍之內，於是我開始認識

與瞭解新加坡，新加坡三字也深深崁入我腦海之中。

1963年馬來西亞聯邦成立，新加坡加入為其一邦。1965年新加坡又被迫退出馬來西亞宣佈獨立，這些大事都是我們當時關注的焦點。

1979年我自歐洲的奧地利奉調回國，出任歐洲司的副司長。想想亞洲國家大都先後去過，而心儀已久的新加坡尚未臨其境，故於返國途中攜妻帶兒繞道新加坡一遊。

新加坡那時的建設與今日相比，相差甚遠，牛車水髒亂與其他世界大城的唐人街並無軒輊，觀光景點不多，好像只有鳥園與虎豹別墅，印象最深刻的是，每日下午必有一場豪雨，使整個新加坡的空氣顯得格外清新，地面亦因此乾淨。我們亦曾乘船環島航行，並不覺得有何特殊之處，尤其自風景宜人到處古跡的歐洲來客如我們看來，確實平淡無奇。聽說那時人妖秀頗為流行，可惜我們無緣一飽眼福。最使我們驚奇的是電視新聞報告，同一時段，先後出現四人，先後用英語、華語、馬來語與淡米爾語報告同樣的一條新聞，使人歎為觀止。

2 新加坡總理李光耀來訪

1981年8月我奉派出任駐瑞典的代表，北國寒風凌厲、下雪結冰，長達半年。但因為我是重新恢復設處後的首任代表，自然是兢兢業業，開展雙方的關係，倒也有些成績。工作一經上路，也還覺得熟門熟手，做得也很起勁。1982年秋天，我即接到主管人事的外交部關次長的電話，表示要調我回部接任禮賓司司長。我告以，家才安頓好，兒子上學剛剛接上軌道，而且工作正在逐漸推展之中，盼能暫緩。但部內另有考慮，即派鍾湖濱兄接任，囑我辦理相關手續。所幸，鍾湖濱兄對外調瑞典，頗有意見，中間經過若干波折，部裡又改調張德勳兄（已過世）接任，於是重辦相關手續，而我亦在一年之後即1983年9月回國出任禮賓司司長。

禮賓司原任司長歐陽璜兄（已過世），外調駐東加王國大使，早已赴任。禮賓司長一職由副司長歐陽瑞雄兄代理，後來瑞雄派往駐洛杉磯辦事處任副處長，我與他共事雖僅八、九個月時光，但獲益甚多。

我在禮賓司長兩年多的任內，除了四次隨同當時李副總統登輝先生赴國外訪問外，接待了多個國家

的元首、總理、國會議長、外交部長等，還參與籌辦了第七任總統副總統的就職大典。工作忙碌，可以想見。但在我任內，印象最深刻的莫過於接待新加坡的李光耀總理以及其他新加坡貴賓。

追述我國與新加坡的關係，當然不能不述及故總統經國先生與李總理的情義。兩人之間，可以說是猩猩相惜，無話不談。誰都知道，中華民國為新加坡代訓軍隊，有所謂的「星光計畫」。據說「星光計畫」的起源與決定，是首次李總理訪華，由經國先生以行政院長身份陪同赴金門前線時，夜間在住宿賓館外的石頭矮凳上談話達成的。李總理對經國先生深懷感激，視之如兄;而經國先生對李總理之政治家風範以及過人的智慧，亦欽佩尤加，待之如弟。兩人友誼的純篤，可以從兩件事情上得到證明。

1986年秋天，李總理再度來訪，那時候，經國先生的身體，已經很差。因為長期糖尿病的關係，兩腳行走都有困難。但為了歡迎李總理來訪，仍然排除困難，堅持要到桃園機場迎接。當李總理下機後進入國賓接待室時，但見經國先生不經攙扶，拖著蹣跚的步伐，一步一步地迎上前去時，可以看見李總理那種動容的表情，雙手緊握經國先生的雙手，頻頻說：總統您不必那樣子的呀！經國先生卻滿面笑容，連說真高興你能再度來訪。兩人的友情，在這一霎那，可以說已緊緊的融在一起了。

1998年1月13日，經國先生過世，舉國震驚哀悼。出殯時，外國政要雲集，獨新加坡的李總理是率領全體內閣閣員前來致祭哀悼的，全體黑西裝、黑領帶，李總理那種悲痛不捨的神情，透過電視的畫面，深深地印入國人的腦中，至今難忘。

上：俞國華院長在圓山飯店宴請李光耀總理，禮賓司長（作者）前導
下：李光耀總理來訪，在機場與邱夫人握手

3 經國先生與李光耀總理

前文提到我於1983年九月奉調回國出任外交部禮賓司司長。在此對於外交部內司處的性質作一介紹，俾讀者諸君可以較為了解外交部的工作。外交部處理外交事務，其組織編制中有（一）政務單位，即地域司，如亞東太平洋司、亞西司、北美司、中南美司、歐洲司、非洲司等，主管與世界各國的外交事務。（二）事務單位，即後勤支援單位，如總務司、人事處、會計處、電務處、檔案資料處等。（三）介於兩者之間的單位，如國際組織司，專管官方與民間的國際組織事務；條約法律司，專管與各國的條約議訂與法律事務；新聞文化司，則掌理新聞發佈、資料蒐集及敵情研究等；禮賓司則是負責接待重要訪賓、典禮、授勳、宴客酒會、外交特權等。大凡外交官考試及格的同仁，都會奉派在各司處間輪流服務，即所為的通才教育。我自從進部服務起，即在歐洲司服務，期間三進三出（即外放三次），又都在歐洲司，從科員、科長而至副司長，而三次外放地點，先後為維也納、羅馬、馬爾他、波昂、再回維也納，最後放至瑞典斯德哥爾摩，都在歐洲地區，可以說是外交部中少有

的所謂地域專家（Area Specialist）之一。故而對於接掌非地域司的禮賓司工作，心中不無猶豫。但長官與同仁紛紛告我，過去老總統時代，對於禮賓司長一職，非常看重，故歷任外交部長在選任禮賓司長時，都非常慎重，有時還要獲得老夫人的同意。因為禮賓司長是外交部的大禮官，在任何接待外賓或襄贊重大典禮時，不能犯錯。因為一犯錯，當場出醜，國家或元首或長官顏面盡失，又不能臨場彌補或者重新做過，故其人必須能臨危不亂、善於應對、長於進退、舉止有節、揖讓有方。行筆至此，好像自抬身價，而事實上確係如此。每任禮賓司長無不履冰履薄，戰戰兢兢，深怕有所閃失，則可能萬劫不復。

禮賓司接待外賓，有其一定範圍，即限定是國家的正副元首、總理或內閣首長、國會議長、外交部長以及總統、行政院長或外交部長認為特殊重要的訪賓。在此範圍以外的訪賓一概由地域司接待。我在兩年餘的禮賓司長任中，接待上述外賓為數甚多，而印象深刻者，莫過於接待新加坡總理李光耀等貴賓。

上文曾提及中星之間有「星光計畫」的合作，而經國先生與李總理又情同手足。經國先生自出任行政院長後，積極推動十大建設，甚少出國。膺任總統以後，由於健康關係，似乎未曾出國。而李總理則活躍於世界壇坫，到處訪問，與世界各國領袖泰半維持良好關係，各國領袖對李總理亦樂於接談。兩岸關係在1980年代初期，仍然僵持，但

李總理則有多次訪問中國大陸經驗。故經國先生在每次與李總理有謀面機會時，均細心傾聽其對世界政治與大陸情勢的看法，以補一己的不足，可謂虛懷若谷。因此對李總理的每次訪華，多所期待。故李總理在經國先生生前，幾乎每年都要訪華二次，有時甚至三次。訪華時節以春、秋較多。由於經國先生與李總理的友誼彌篤，而經國先生對李總理的每次訪問，都甚關注，影響所及，歷任總統府秘書長與外交部長都對接待李總理視為大事，馬虎不得，身為禮賓司長，自然責任加重了。

李總理有許多長期養成的良好習慣。如慢跑，幾乎是每天必做的運動，即使是雨天，也要設法安排其慢跑的地點。如非常討厭煙味（雖則據聞其年輕時曾是煙槍）但戒煙後則十分厭惡煙味，故其下榻之處，通常不能有任何煙味。台北圓山飯店總統套房在其訪華前三天，即全面通風，盡絕煙味。如居室恆溫必為攝氏22度。如休憩閱讀時不宜有人聲或吵雜聲，故而此時周圍幾乎寂靜無聲。他甚為念舊，故而圓山飯店服侍他的Capitan，每次都是同一人，從青年做到頭髮花白，他對於李總理的生活習慣，瞭若指掌，鉅細靡遺。李總理又非常重視自己的健康與品味，僅僅喝特定牌子的葡萄酒與啤酒，偏偏這些台北無法供應，我們通常會請駐新加坡代表處在事先快運台北以便接待。李總理夫人，為人謙和，喜歡永和豆漿大王的豆漿與燒餅油條，我們七早八早地就會差人買了回來，以作早餐。李夫人亦喜愛信義路上鼎

泰豐的小籠包，有時也會專程前去光顧。李總理每來，先是帶些同輩老友如吳慶瑞、林金山、楊錦成等，後些時則多由較年青的王鼎昌、楊林豐等陪同。總之經國先生在時，中星的關係，可謂如膠似漆，水乳交融。

有一次李總理訪華，希望赴阿里山一遊。阿里山那時只有阿里山賓館可供住宿。但賓館實在老舊，深怕怠慢，我們要求賓館重新粉刷整修，加強設備。但阿里山林管局（賓館的主管單位）是個小衙門，而且根本沒有預算，最後只好由我們外交部設法籌措，賓館亦樂於藉此機會更新設備。但賓館從不供應西餐，使我們傷透腦筋，嘉義地區亦難找到像樣的西餐廳，最後只好商請圓山飯店派遣西廚，連帶鍋作、材料、碗盤刀叉，足足裝了上阿里山小火車的一節車廂（為了讓李總理一覽阿里山沿途美好風光，特別安排坐小火車上山，這在新加坡是無法體味的樂趣）。當用餐時，李總理發現有圓山標誌的餐具以及圓山大廚出現時，著實嚇了一跳，真有受寵若驚的感覺。事後在寫給經國先生的謝函中，特別提出「此行您待我猶如國王，真使人終生難忘」云云。我們雖然接待的蠻辛苦，但有此一謝函，亦頗為告慰了。

李總理每天慢跑，風雨無阻。一遇雨天，我們會情商圓山飯店開放頂樓的宴會廳四周，供李總理慢跑而免於雨淋之苦。陪跑是一門學問。為了他的安全，我們央請警政署的外事室主任李連庚（與李連杰毫無關係）先生擔當此一重責大任。李主任不但與李總理同宗，而且

連體型、高矮都差不多，陪跑者速度要相當，姿勢要協調，不能忽前忽後，不能相距太遠，不能並肩而跑，不能隨意飲水而且語言又能相通，總之這是一個吃力不討好的工作，但李主任非常稱職，可圈可點，至今我仍對他心存感激。那次上阿里山，小火車大約在傍晚五時多抵達終點。一到賓館，來不及安置，李總理已換好了慢跑鞋，要開始慢跑。天哪！阿里山海拔2200公尺，我們一上了山，都覺空氣稀薄，氣喘如牛，而李總理毫不在意，上路慢跑，李夫人亦未表反對。這時，只見李主任二話不說，也匆匆將慢跑鞋換上，陪李總理慢跑起來。那天是由行政院俞院長及夫人陪同上山，看得他夫婦兩人目瞪口呆。真幸虧有李主任在場，否則我們糗大了。

那時候，新加坡的駐華代表是鄭威廉先生，他不但是首任的駐華代表，而且一待就是十年。由於他與我國內各方的熟悉與關係的良好（他老太爺是國府在大陸時代的最後一任駐伊朗大使），他在台北可真謂是如魚得水，遊刃有餘。在接待工作方面，拿捏得非常的好。我們至今仍然保持著聯繫。記得那次上山等賓主安然就寢以後，我們在廊下對坐，細聲傾談，論古道今，不知不覺，喝掉了整瓶XO，而且毫無半點佐酒之物，亦無醉意，可見那時我的酒量不錯，只可惜隨著年華飛逝，威廉與我都不大喝酒了。

4 出任史瓦濟蘭全權大使

一九八五年十一月九日，外交部發布命令遷調我為新聞文化司司長兼發言人，我禮賓司長的職位，由副司長黃秀日兄升任。秀日兄于做完禮賓司長後，外放駐教廷大使，後來回部升任常務次長以迄退休。出任外交部的發言人，對我而言，是一個新的挑戰，但作為一個外交官，一個奉公守法奉命唯

出任駐史瓦濟蘭大使前與
夫人、次子合照

向國王恩史瓦帝三世呈遞到任國書

謹的公務員，除了接受挑戰以外，別無選擇。所幸我盡忠職守，勉力
從公，倒也與媒體界相處不錯，尚無隙越之處。當時採訪外交部新聞
的記者們，至今仍與我維持著良好的友誼。我的繼任人是陳毓駒兄，
結果若干年之後，我又接替他所遺留下的駐新加坡代表職務，接來接
去，造化弄人，好象冥冥中自有安排。

　　我在新聞文化司司長任內，李總理光耀仍一如往常，訪問臺北，但
除了在新聞發布或守密上配合以外，我未與問接待事務，故在這段期
間我與李總理及新加坡政要較少接觸。

一九八七年八月，我奉派出任南部非洲的史瓦濟蘭王國特命全權大使。史瓦濟蘭王國，位于南非共和國境內，面積僅有一萬七千三百六十四平方公里，約為臺灣的一半，人口僅九十萬人，為一個典型的小國。一九六八年九月六日與我國建交，同年九月二十四加入聯合國。史瓦濟與我國關係良好，歷任大使為羅明元、鄭健生、周彤華與王飛。王飛是我的同班同學，也是同一年進部的同事，他因表現傑出，當時升任外交部政務次長，我即接他的遺缺。史瓦濟蘭王權至高無上，頗像我們歷代專制時的君主。老王卡步札娶妻七、八十，有王子一百五、六十人。那時老王去世不久，去世前遺言由最年輕的王子接任王位，號「恩史瓦帝三世」（King Mswati III），那年他僅十八歲，尚在倫敦某中學就讀，匆匆召回史國繼承大位。一般人均好奇，何以找一個乳臭未乾的小孩子接任王位，據相關人士分析，因老王子嗣太多，年長者已六十餘歲，王子間成群結黨，勾心鬥角，老王認定必會敗壞朝政，引致內亂，故決定大膽選擇最清純的小兒子繼任。母以子貴，恩史瓦帝三

史瓦濟蘭總理蘇傑‧拉米瓦訪華獲贈勳。作者時任駐史瓦濟蘭大使，右一為政次王飛

世的生母恩彤碧即成為史國的國母。

依照史國風俗，每年七、八月間有蘆葦節，全國少女凡未出嫁者，均須手持蘆葦，袒胸露臂，在國王面前跳舞。國王不但欣賞舞蹈，而且錄影存真，事後仔細審閱，有中意者即納入為妃，故幾乎每年一個，越娶越多，以致老王有王妃七、八十人（老王過世時約八十七歲）之多。我到任時，小國王已有王妃三人，聽說今年又看中史瓦濟蘭參加國際選美的史國小姐，準備納聘，將成為第九位王妃（史王今年應該是四十一歲），已納王妃十四人，大享其齊人之福。

我在史瓦濟蘭大使任內，最使人難忘的是大使呈遞到任國書，居然是在晚上時間，而且大使夫人可以陪同，這在世界各國的外交慣例上，可謂絕無僅有（附上我呈遞國書後蒙史王接見的照片可以為證）。史王除訪問英國與非洲鄰國外，通常不到其他國家訪問，我在大使任內，居然說動了國王來中華民國訪問，那知道他此後訪問成癖，到中華民國已來過好多次了。每次來時，三妻四妾通通帶來，弄得我們禮賓司同仁在接待上頗感頭痛。說好說歹，在我總統國宴場合，僅帶王妃一人入席，其他妃子則安排在國宴廳的對面接待室內，由外交部的長官夫人加以款待，以後倒也成了慣例，接待工作也就容易的多了。

史瓦濟蘭雖然落後，但素有非洲瑞士之稱，故風景優美，生活愜意，我到任後積極展開工作，視察我國派駐各地的六個農技團的作業

狀況，拜會應酬，每日工作倒也顯得十分忙碌。誰知好景不常，1988年1月13日，蔣總統經國先生病逝，于是我忙著洽請史國派遣弔唁特使，舉行規模盛大的追思儀式，為經國先生塑造銅像以資永久紀念等等，也著實忙了一陣子。隨著經國先生的去世，李總統登輝先生的接任大位，國內政局開始波濤洶湧，山雨欲來，動盪相當時日。誰知由于新總統的繼任，也改變了我往後的生涯規劃。

5 人生一大轉折──出任總統府副秘書長

一九八八年一月十三日下午三時五十分，中華民國第七任總統蔣經國先生病逝於台北七海寓所享年七十九歲。當晚八時，副總統李登輝即在總統府大禮堂宣誓繼任總統。由於蔣經國當時仍是執政黨國民黨的主席，到底黨主席應否亦由李登輝先生接替，卻引起官邸派與務實派之間的尖銳鬥爭。務實派包括相當多的國民黨中常委與中生一代的黨政幹部，如宋楚瑜、趙少康、李勝峰等，他們都認為為了政局穩定，應該由李先生接任。而官邸派主要代表人物是老夫人蔣宋美齡女士。老夫人不僅為國民黨元老而且是國民黨中評會主席團的主席之一。她認為李先生黨內資歷甚淺，而且又是本省籍人士，應否將黨權亦因而移出，表示懷疑。許多人當時猜測，老夫人自己可能有意於黨主席之位，或至少應由較能受其控制的俞國華以行政院長身份擔任（嚴家淦出任總統時，黨主席即由蔣經國院長擔任，故有先例存在）。兩派自經國先生去世時即醞釀衝突，最後在一月二十七日的中常會中，由於宋楚瑜的臨門一腳，終於通過由李先生代理黨主席，再由同年七月七日舉行的第十三屆全國代表大會正式通過。

總統府記者招待會

　　李先生繼任總統，最希望而且急切想做的有三個方面：一、內政—希望鞏固領導權，繼續深化政治改革；二、外交—外交是國家的主權行為，元首即是國家主權的象徵，故擬全心投入；三、兩岸關係—由於經國先生之開放探親政策，據說最早即交由李先生籌創，而兩岸關係又影響大政方針甚鉅，故而他想全盤掌握。李先生所執行的外交政策，即是揚棄以前政府所堅持的「漢賊不兩立」的政策，而走向務實與彈性。故自接任之日起，即命外交部長連戰推動較為靈活的外交活動。政府於是年夏季同意派經貿團赴俄國及東歐訪問，並由政府官員

陪同總統視察新竹縣尖石鄉

隨行，但當時的外交大老、總統府秘書長沈昌煥先生卻不以為然，在十月十二日的國民黨中常會中，手持先總統蔣公手著之「蘇俄在中國」一書，痛貶外交部長連戰與經濟部長陳履安違背政府數十年來堅持的國策。當時，連戰與陳履安只能緘默以對，不敢出聲，而坐在主席台上的新科黨主席李登輝先生卻是一臉鐵青，難堪異常，認為沈公之舉，無異指桑罵槐，孰可忍孰不可忍？此一動作亦埋下了李欲去沈的決心。

　　話說回頭，自江南案發生之後，經國先生即派其二公子孝武先生

為駐新加坡代表處副代表，一面拜託李光耀總理代為管教，一面拜託駐新代表胡炘（原為老總統之侍衛長）代為照顧。大約為時不到兩年，胡炘退休，孝武接任代表。孝武原本與李登輝先生走的很勤，一九八八年八、九月間，即積極接洽安排李總統訪星，藉以建立兩李之間的關係，以凸顯其工作表現。此議正好契合李總統務實外交的主張，因為中華民國的總統尚未有訪問非邦交國家的先例，此行正可展現其新作風與新政策。據前聯合報採訪主任周玉蔻所著《李登輝的一千天（1988-1992）》（台北、麥田、民82）一書的記載，當時的總統府秘書長沈昌煥氏認為此事有違外交慣例以及總統出國無副總統可以代行職務為由，不表贊成。於是找來副秘書長張祖詒，由張親手草擬一份簽呈，向李總統報告，經過各方審慎評析，訪問新加坡計畫應予暫時擱置，同時為免露痕跡，著人代為抄寫。但經李總統事後查詢，外交部早在半個月前即已呈報總統府並認為可行，不意公文經過積壓後又加添反對意見，使李大為光火，加上十月十二日中常會時沈的發言又遭輿論批評，李乃迅雷不及掩耳，即找沈來表示有意請他改任總統府資政並暗示副秘書長張祖詒一併辭職。沈、張遂於當日提出辭呈，李亦於十月十七日正式批准。沈氏下台之表面理由，雖為上述，但李於出任總統後，擬主導外交之企圖心充分顯露，絕不願意有人攖其鋒、檔其去路，故沈之去職，其實不過時間遲早耳。

沈昌公辭職，一度李有意任命其昔日農復會的長官謝森中先生（當

時任交通銀行董事長）繼任，但因謝無部長經歷，與過去之傳統不符，於是又出奇招，央請時任政大教授的李元簇先生繼任（李曾任教育部長、法務部長、政大校長），由於李元簇的出線，又為以後主流非主流以及副總統之爭，埋下種子。副秘書長一職，居然找上了我。

上：與木柵茶農品茶
下：木柵茶園漫步

我遠在非洲鄉下，與農技團為伍，有點過老農生活，但卻因總統府秘書室主任蘇志誠兄的一通電話，改變了我的生涯規劃。蘇說：總統希望我出任總統府副秘書長，並且希望一週內能動身回國，因為

歡迎新加坡副總理李顯龍於總統府

諸事待理新缺無法空待，於是我使出渾身解數，在一週內忙著結束公務，向國王與史國朝野與外交團辭行，一面請內子打包料理家務，終於在一週內完畢，我們搭乘史國小飛機經南非約堡回國，結果那天氣流特強，小飛機忽上忽下，有時身體會從座椅上彈起，弄的我們緊張不已，好像命在旦夕一樣。好在最後安全降落，再換飛機直奔台北，抵台北時已是十月二十九日的清晨矣。

十一月一日，正式赴總統府報到。十一月五日在李總統主持下，與李元簇秘書長共同宣誓上任，開始我四年半的總統府副秘書長生涯。而我回國後的第一個任務，即在安排李總統一行訪問新加坡。

6 老帥出訪 先鋒先行

我於一九八八年十一月一日出任總統府副秘書長。據早期的長官說：總統府以往在慣例上，秘書長與副秘書長中總有一人對外交方面比較嫻熟，可以在涉外事務上作總統的諮詢對象。以往是由外交教父沈昌公擔任此一職責。沈去李元簇接，外交方面的事務，無形中落到我的頭上。沈、張去職既因訪星事件而起，可見李總統對訪問新加坡一事的重視。我接手以後第一件的涉外大事，就是規劃總統的訪星之行。

十一月二十五日，總統府機要室主任蘇志誠兄即面交新加坡總統黃金輝邀請李總統夫婦於同年三月間適當時間訪問新加坡的官式邀請函。信封內外的稱呼都是「中華民國的總統」，絕非外傳的其他稱呼。我於接獲信件後，即親自草擬簽呈經過李元簇秘書長轉呈總統，建議即交由外交部研辦。翌日，簽呈即發下，我於中午十二時親訪外交部長連戰，將總統批示之簽呈影本連同黃金輝總統的邀請函一併送請連部長參辦，連亦以急件方式處理本案。

一九八九年一月十三日，為經國先生逝世週年紀念，國內有許多追思活動，駐新加坡蔣代表孝武

亦返國參加。恰巧在同一天，中央日報居然刊出李總統將出訪新加坡的消息。按此事府院部均以極機密件處理，而黨營之中央日報居然刊載此一消息，頗覺不可思議。經過追查，是外交部新聞文化司的聘用人員朱婉清女士所洩漏者，其原因居然是外交部某常務次長於此前後訪問美加而在報紙上大出鋒頭，伊係連部長引介入外交部服務者，為報主心切，認為連部長促成李總統訪星，功不可沒，故洩漏以作為成績，真是匪夷所思。且由於此事經驗，而加深了李總統對外交部的不信任感。以致往後許多涉外大事，都另闢蹊徑而不經過外交部了，弄得外交部頭痛不已。

我因奉命籌備總統訪星大事，見蔣代表正在台北，機不可失，乃於一月十四日上午十時三十分，在我辦公室內，約集王飛（外交部政務次長、主管亞太事務）、石承仁（外交部亞太司司長）、謝棟樑（外交部禮賓司代司長）、鍾振宏（新聞局副局長）及蔣代表孝武等，商討訪問之相關事宜，經獲結論如次：

（一）訪問日期訂為一九八九年三月六日至九日

（二）搭乘華航專機

（三）三月六日上午九時起飛，九日中午飛返台北

（四）訪問團正式團員隨員名單，另行呈報

（五）星方表示，將由李光耀總理與李總統作單獨會談，而無代表團與星方之總體會議，我方尊重星方安排可予同意

（六）除與星方政要高爾夫球敘外，可安排參觀星國之高科技項目，視察我方公司及其他音樂或娛樂節目

（七）新加坡無國宴之例，故我方亦不答宴

（八）訪問前一週，雙方同時發佈正式公報

（九）先遣部隊，由我率團。團員組成初步為總統府侍衛長張光錦中將，外交部禮賓司謝代司長棟樑，新聞局國際宣傳處韋處長光正與外交部亞太司專案承辦人陳專員調和，時間為二月十二日至十五日，第二批之安全與禮賓人員於三月三日先行抵星，進入相關位置

（十）記者媒體採訪事，由新聞局全面負責

（十一）外交部應速就與星方討論之主題與項目及早準備並簽報總統

（十二）李光耀總理擬於二月二十一日至二十三日先行訪華，故對於我方預備商談之問題應早做準備，如此行不能獲得結論，可再留待總統訪星時續談

（十三）因李總理每次訪華，為表示對我方安全工作之信任，僅帶安全人員二、三人。故此行李總統赴星訪問，我方亦僅帶安全人員三至五人。

上述結論於簽報總統後，均奉核可，於是我在總統府內立即組成華星專案工作小組，積極行動。無巧不巧，一月十七日，出面邀請李總統訪星的新加坡總統黃金輝氏，竟然此時因割除直腸癌而住院並在加護病房之中。我當時懷疑，訪星之舉，是否需要延期。一則迅速簽報

總統致電慰問並送花致意，再則連絡星方有無改期必要，經過探詢，據告訪問如期進行不受影響，才使我們心中放下一塊大石頭，而繼續籌備。

由於這是李總統就任後的首次出國訪問，故對於隨同訪問人員的選擇，亦倍加用心。一月十九日蒙核定的訪問團名單如下：

外交部長　連戰（夫婦）

國防部長　鄭為元

經濟部長　陳履安

總統府副秘書長　邱進益

駐星代表　蔣孝武（夫婦）

新聞局長　邵玉銘

總統府三局局長　朱季昌

總統府侍衛長　張光錦

外交部禮賓司司長　黃秀日

外交部亞太司長　石承仁

駐星副代表　王曉祥

警衛人員　七人

機要人員　四人

醫官　一人

行政人員　三人

合共 三十人

二月十日上午向總統彙報連日與各相關部會匯集而成的七項會談主題，均蒙認可。總統因對此次出訪異常重視，故亟盼能有具體成果，指示除原擬團員名單外，增加台北市新任市長吳伯雄一人，因吳自內政部長調任台北市長頗覺不爽，於鄉親拜會之時，竟失聲大哭。其實，總統此時對吳頗有栽培之意，因台北市政府之全年預算，超過內政部何止十倍。亟盼其有整合統籌能力以備將來之用，奈吳見不及此，情緒欠佳。李乃決定隨攜訪問，一者意在調節吳之情緒，再則亦盼其能吸取新加坡之市政建設經驗。另外還指示邀民間企業人士同行，建議名單為：科技轉移-石滋宜，金融-辜濂松，投資-徐旭東，機械-莊國欽，石化-待定。我將此意轉告經濟部陳履安部長，據表示，苟如此恐將降低此行之官方色彩，未獲同意，此議遂罷。惟總統心中至為不快，但亦無可如何。攜帶企業人士出國訪問念頭，並未因此打消，往後訪問中南美洲與南非時即係如此。從此種小節上可以看出，後蔣經國時代權力消長之關係也。

二月十二日是星期日。我率同總統府侍衛長張光錦中將，新聞局國內處處長吳中立，公視小組副組長余思宙女士，外交部禮賓司副司長謝棟樑，國防部聯二第五處處長蔡朝明少將（曾任國家安全局局長），外交部亞太司專員陳調和共七人，搭乘新航SQ015班機，於下午二點左右飛抵樟宜機場。蔣代表孝武及新加坡駐華代表陳祝強在機

場迎接，隨後進住香格里拉酒店。晚七時半，蔣代表在Westin Stanford的Compass Rose餐廳設宴歡迎，主客共十四人，晤談甚歡。

二月十三日（週一）早上，全團赴我國代表團開會與代表團同仁商談相關日程與細節，一直到下午一點鐘。匆匆進餐後即赴香格裡拉大酒店勘查住房情形，因星方建議整個訪問團住宿該酒店。結果Valley Wing已訂出，而總統套房又不甚理想，於是轉赴Westin Stanford察看，對64-66層套房，一一細看，覺得合適，決定住下。晚上華航駐新加坡經理林小文設宴款待，兩桌二十人，喝掉七瓶XO，真是驚人。

二月十四日（週二）上午赴星外交部與其常任次長曾汝鑫（Peter Chan，Permanent Secretary of MOFA）與禮賓司長等官員，商談具體的訪問行程，禮賓細節，頗有成果，談後即由曾次長請我們午餐。

餐後分成兩批，孝武送我回旅館詳談一切，約有兩個鐘頭，那時他即有出家修行的消極想法，又說不知道什麼時候，他會突然失蹤消失云云，聽了頗為嚇人。常人總以為，他出身宮中，權重一時，殊不知內心極為空虛，誰也沒有想到居然於三年後一語成讖突然去世。我與蔣家三兄弟前後都打過交道，誰知道卻先後逝世，思之不禁淒然。

另一批則由王副代表曉祥帶隊，將本團分為安全、禮賓、新聞三組，分別與星、我方官員晤談。

晚上自由活動時間，我則經由孝武安排成為新加坡第二副總理王鼎昌夫婦的餐宴客人。王副總理夫婦後來即為李總統夫婦訪新時的陪

同部長（Escorting Minister），他夫婦招待我在一家藥膳房用餐，這是我第一次用藥膳，覺得新鮮有趣，菜的色香味俱佳，陪客除孝武夫婦外，尚有曾汝鑫次長夫婦，駐華代表陳祝強夫婦等共九人。

王鼎昌夫婦是我所認識的新加坡政要中最和藹可親的人，煦煦君子，溫文儒雅，頗有中華文化遺風，他後來成為新加坡的首任民選總統，而我則出任我國駐星代表，這期間受到他熱忱、誠摯的款待與照顧，真是感激不已。可惜天不假年，夫婦兩人，先後遽然病逝，真使人痛惜。我與王總統的來往，以後有機會再敘。

二月十四日（週三）上午，我率團由駐星代表處同仁陪同，對於各項安排的行程，一一實地考察，詳加規劃，此時才覺得，以往做外交部禮賓司長的經驗，可以全部用上。中午在裕廊碼頭餐廳，設宴答謝代表團同仁的辛勞。兩桌十餘人，又喝掉八瓶XO，難怪法國XO酒廠主人要哈哈大笑了。下午三時四十五分又搭SQ016班機返國，於七時五十分抵達台北。

此行距我上次到新加坡，整整十年。歸後曾在日記中發抒心中感想。「新加坡較十年前真是進步太多，全國已成為一座花園城市。新加坡能，台北則不能？何故？在國民之守法與否以及政府所執行之公權力，台北兩者均缺也。」

7 務實外交啟航 國是訪問為先

李總統上任以後，要顛覆以前的傳統外交，故推動「務實外交」為其重要施政方向之一。推動「務實外交」不是說說就算，而要以身作則做起，故提倡「元首外交」。但傳統外交上元首出訪，原則上都是有正式外交關係的友邦，對無邦交國家的訪問，從未有之。而且中華民國的歷任總統，除了嚴家淦總統在任內時報聘有邦交的沙烏地阿拉伯王國外，幾乎都不出國，李宗仁於大陸淪陷前，棄代總統職而赴美國，則以養病為藉口，無關訪問。而前往無邦交國家作國是訪問的，應算從李總統登輝先生開始。而促成李總統踏出務實外交、元首外交第一步的則是時任新加坡總理的李光耀先生，這是歷史史實的真相，不能不在此提出。

到沒有邦交的國家去訪問，通常的做法是所謂的「工作訪問」（Working visit）而非「國是訪問」（State visit）或「官式訪問」（Official visit）。「國是訪問」是訪問中最正式的一種。抵達及起飛機場有二十一響禮砲的儀節，元首的親迎，鋪紅地毯迎賓，國宴，相互授勳以及與元首或行政首長做正式的會談，會談後有官式公報或聲明發佈。「官

式訪問」則除正式會談拜會參觀以外，其他均省略。「工作訪問」屬於相互平常往來的訪問，有具體的問題需要商談時行之。李總統此行訪星，其性質上等同「國是訪問」，除了星國無禮砲與贈勳制度外，舉凡代理元首率相關部長歡迎，元首出面國宴，鋪紅地毯迎賓，李總統與李總理單獨會談以及相關部長間之正式會談等，均是「國是訪問」的規格，這更應感謝李光耀總理的厚意與接待了。這是第一次到無邦交國家所作的高規格的「國是訪問」，恐怕也是唯一的一次。因為以後到無邦交國家的訪問，泰半是聲東擊西，打帶跑式，與這一次堂而皇之的赴星訪問，絕對不能同日而語。

　　一九八九年三月六日（星期一），上午九時，華航專機起飛，行政院長俞國華夫婦率文武百官送行。專機上坐有代表團正式團員十三人，正式隨員七人，安全人員六人，工作人員二十一人，同行新聞記者二十八人，合計七十五人。專機於下午一時三十分抵達樟宜機場，星國禮賓司長與蔣代表夫婦即登機歡迎，到機場迎賓者有代理總統林金山夫婦（總統黃金輝臥病醫院，前已提及）率同李總理光耀夫婦，第一副總理吳作棟夫婦，第二副總理同時受命為陪同部長的王鼎昌夫婦，外交部長黃根成夫婦，貿工部長李顯龍等一字排開列隊歡迎。嗣後即由林金山代總統夫婦陪同驅車於下榻的威信酒店安頓。下午三時五十分，李總統夫婦赴總統府禮貌拜會林金山代總統夫婦，四時三十分李總理光耀則在總統府與李總統舉行單獨會談（four-eye meeting），另外我隨行之外交、國防、經濟各部長、台北市長、新聞局長與相關部會首長會談。李夫人則由王鼎昌夫人陪同遊中國城與小印度等地。五時半，李總統赴醫院探視生病住院之黃金輝總統。晚八時，林金山代總統夫婦在總統府設國宴款待李總統一行，席開十桌，並有樂隊助興，雙方元首相繼致辭，深願兩國關係日益增進。晚宴於十時左右結束，賓主盡歡。

　　三月七日九時三十分，參觀境外金融中心以及股市市場，嗣又參觀科學中心萬象館，均由李顯龍部長接待說明，中午王鼎昌副總理在威信酒店頂樓午宴款待李總統一行。下午三時，第一副總理兼國防部長吳作棟來行館拜會李總統，連部長、鄭部長、我及蔣代表陪見，總統府機要室主任焦仁和記錄，談兩國各方面合作一事。四時三十分，接見International Herald Tribune報記者Richardson 專訪。五時半， 旅星各界在威信酒店之Olivia Room 舉行歡迎茶會，由旅星僑界大老陳子忠代表致辭，李總統即席說明年餘以來，接任總統後之各項政策與進行方向，僑胞們至感興奮。六時三十分，分別接見星外長黃根成與菲駐星大使，八時，蔣代表在官邸設宴款待訪問團一行。另一方面，總統夫人則參觀植物園，並為新品種之胡姬花（蘭花）命名為「文惠蘭」（總統夫人名字），又參觀視覺障礙者協會，除贈送基金外並送手杖兩百枝。國防部長鄭為元則參訪星國軍事基地，吳伯雄市長則拜會內政部、環境發展部等聽取簡報及參觀市政設施，整團行程極為忙碌。

三月八日上午八時，，李總統在邵局長安排下，與隨團訪問之記者早餐，答覆記者所提出的各項問題，九時四十五分，參觀新加坡科學園，十時十五分，參觀蘭花栽培中心，十時四十五分，參觀太平洋生物醫療機構。十一時四十五分，搭乘星方專門準備的「星港皇后」號遊艇遊港，並由王鼎昌夫婦在遊艇上宴請午餐。下午二時，吳作棟陪李總統在聖淘沙之Saraboon球場球敘。李總統有中耳不平衡的毛病，遊港時已覺頭暈，匆匆揮桿，第一桿即OB，面對媒體大批鏡頭，頗覺懊惱，好在不久就恢復正常水準了。球敘結束，返回行館。八時，李總理夫婦在總統府之游泳池旁以碳烤晚宴款待李總統夫婦，氣氛輕鬆愉快，勝過正式國宴。

　　三月九日，上午八時，李總統在行館接見奉召前來的我國駐東協六國代表，對工作有所指示。九時三十分，赴裕廊漁港，參觀我國遠洋漁業基地，由漁業界大老蔡定邦接待，我國漁船排成一列，接受元首檢閱，亦屬前所未有之事。漁民們在海外得見總統，高興非凡，驚呼之聲，此起彼落。之後即赴我代表團即「中華民國駐新加坡代表團」巡視，對各同仁之工作表示嘉勉。下午十二時三十分，一行離行館赴樟宜國際機場。到機場送行者仍是原班人馬，專機於一時整起飛，結束三天半的訪星之行。專機於下午五時十五分抵松山機場，五時四十分至七時舉行記者招待會。「不滿意，可以接受」的名言，即在答覆記者詢問時說出，至今已成中文辭彙的一部份了。

8

新朋友 vs. 老朋友

上文提到李總統登輝先生於就任總統後的首次出國訪問。在訪問之前還發生了一段插曲。三月一日下午，我方發佈李總統一行訪星新聞稿，不意就在同一天的早報都刊登了日本「經濟新聞」於二月二十四日訪問新加坡第一副總理吳作棟的談話，日本記者請其就中共可能即將與印尼復交，新加坡是否亦將跟進與中共建交一事表示意見（按1989年2月23日，印尼蘇哈托總統於東京參加日皇裕仁葬禮期間，曾與中共外長錢其琛會面，雙方同意透過其駐聯合國代表就兩國關係正常化進行具體商談）。吳答:「中國與印尼復交之後，新加坡在邏輯上言，遲早將與中國建交，但不心急亦不會倉卒之間作成決定」。言下之意將視印尼與中共復交談判情況而定，因為新加坡政府一再宣佈，新加坡會是東協六國中最後與中共建交的國家。這一談話的刊出，引起軒然大波。立法委員朱高正即在立院中正式提出取消或延遲李總統的訪星之行，各報亦交相指責，在我總統出訪之際，星官方卻宣佈類此不友善消息，無疑不表歡迎之意。李總統頗為猶豫，萬一在其訪星前後，星與中共建交，不僅無法凸顯其開創

務實外交的意義，且對其聲望形成打擊。我向他一再分析，兩國建
交，通常都要經過較長時期的談判，不致有「突變」的情事發生，而
且李光耀先生與經國先生形同莫逆，亦不至於此時此刻，作此舉動。
而且我建議總統不妨於訪星之時，建議李光耀總理務必堅持一向所採
取的等距外交，在與新朋友建立關係之時，不應背棄老朋友，如能促
成雙重承認，更屬佳事。李總統聽後始加釋懷，決定成行。三月五日
「中國時報」並以社論方式，支持李總統訪星之行，於是輿論開始轉
向，訪星之行，終於順利啟航。由於李總統訪星期間的種種表現，以
及訪星後所舉行的記者會中答詢亮麗，而使其聲望推至頂端，在全國
民眾心目中，已成為下屆總統候選人的不二人選。1989年3月13日，適
有美國務院主管台灣事務的官員訪台並與我餐敘時，特別提出，美國
政府肯定將支持李為下屆總統云云。這正是意想不到的事。假如臨時
取消訪星之行，後果不堪設想。

在此同時，我也意識到，中共正對東南亞外交展開一系列的活動，
其結果必將導致新加坡政府對中共關係的改變。於是我在同年二月間
央請立法院外交委員會主任秘書李子文兄（留澳法學博士，外交部昔
日同仁），就1971年聯合國大會表決阿爾巴尼亞提案時，新加坡代表
所作「一個中國」的聲明的法律基礎，加以研究，以求根本推翻其所
持「一個中國」的立場。我知道蔣代表孝武並非外交系統出身，在與
星方談判時，亟需協助。於是在訪星回國後，於三月二十日，準備三

項文件：（一）各國與中共建交模式及對台灣主權問題之態度；（二）東協六國承認中共之模式研究；（三）八個已承認中共國家允我設立以中華名國名義之商務代表團之承認方式，以外交郵袋寄蔣代表備用。後來，是否發揮效果，不得而知，因為事屬外交機密，我亦未曾聞問。

1990年8月8日，中共與印尼恢復邦交，距離上次蘇哈托與錢其琛的會談已有一年半的時間。但此舉已使以前當作擋牆的新加坡政府，似乎無法再閃。而且新加坡在內政上，李光耀先生已決定於年底引退，交棒於吳作棟，李亦有意在其引退前完成與中國大陸的建交工作，在國際、國內政治的影響下，於是展開兩國的建交談判。

就在中共與印尼復交談判之過程中，1990年7月6日，新加坡政府派巡迴大使許通美為團長，率領星駐巴布紐幾尼亞大使李宗嚴、外交部新聞司長陳榮慶，星駐大陸商務代表黃名光等共六人赴北京進行首輪談判。大陸方面則由外交部長助理兼亞洲司司長徐敦信為團長，亞洲司副司長張青副之。雙方經過數天的談判，雖有進展，但亦有若干問題無法達成協議。同年7月27到30日，由張青率團赴新加坡談判，星方仍由許通美大使主談，仍無法達成最後協議。同年8月11日，中共總理李鵬於訪問印尼後轉赴新加坡訪問，13日與李光耀總理會談後，雙方發表聯合公報，同意儘快完成建交談判。9月，許通美又率團赴北京進行第三回合的談判，終於達成協議，10月3日，新加坡外長黃根成

與中共外長錢其琛在聯合國大廈內簽署建交公報:「中國政府和新加坡政府決定,在和平共處五項原則和聯合國憲章的原則基礎上,中星於1990年10月3日建立外交關係,雙方將互派大使,為雙方使館履行公務,提供方便」。同日起,「中華人民共和國駐新加坡商務代表團」的牌子改換成「中華人民共和國駐新加坡共和國大使館」,而「中華民國駐新加坡商務代表團」的銜牌則換成了「台北駐新加坡商務代表處」。談判建交有功的大陸外交部亞洲司副司長張青出任首任駐新加坡大使。我駐新加坡代表蔣孝武則轉任駐日代表,而由陳毓駒兄接其遺缺,開始另一階段的兩國關係,而我在這個過程中的努力,似乎已成白費。

9 密使記

我於1988年11月1日出任總統府副秘書長，當時總統交下來的工作，（1）是推動務實外交，（2）是研議規劃兩岸關係，（3）才是府內的例行工作。務實外交的第一步是安排總統出訪新加坡，這次訪問經過已如前述。當然我還接替了沈昌公所遺留下的其他外交工作，那時連戰先生出任外交部長，我亟力與之配合，而國民黨秘書長宋楚瑜有時亦奉命經辦外交事務，我亦經常與之合作，頗稱愉快。有時候，總統亦仿西方國家之例，會派他的女婿賴國洲先生，作為他私人的代表，奔走於各國政要之間，出任務時，我有時亦會陪同，最重要的一次是於1992年春天，我與賴祕密赴華府，向美方高層主管官員提出購買F-16軍機的要求，後來在1992年8月，當時的布希總統在大選的壓力下，宣佈出售F-16 150架予我國，雖然這中間還有法國同意售我「幻象2000」，以及蘇俄售予中共蘇愷28、29等因素，但我們兩人的專程密訪，也多少起了一些作用。

1989年6月天安門事件以後，各國對中國大陸開始制裁，中國大陸在國際間的形象，突然一落千

丈。另一方面，由於李登輝繼承大統，似乎較少背負國共兩黨互相仇視鬥爭的包袱。大陸亟思了解李對兩岸的想法與政策，而李亦擬以改善兩岸關係，作為其在爭取權力過程中的籌碼，於是在抬面上：1988年8月18日，行政院成立任務編組的「大陸工作會報」，1990年10月7日，在總統府內成立「國家統一委員會」，1991年1月30日行政院「大陸委員會」正式成立，1991年2月19日，雙方交涉的白手套「財團法人海峽交流基金會」成立，1992年9月18日，「兩岸人民關係條例暨施行細則」公佈施行。又為了確立國家統一的遠景，1992年2月23日，「國家統一委員會」又通過了「國家統一綱領」設定近程（交流互惠）、中程（互信合作）、遠程（協商統一）等三個階段。為了與對岸會談，可能涉及「一個中國問題」，1992年8月1日，「國家統一委員會」又通過了「關於一個中國的涵義」的決議文。凡此經過，我幾乎都親身的參與，我還身兼「國家統一委員會」的執行秘書與發言人以及其下所設的研究委員會的召集人。在抬面下的則是李總統派他的秘書室主任蘇志誠會同鄭淑敏（曾任台灣中國電視董事長）與尹衍樑（潤泰集團總裁）與大陸方面所派的代表舉行私底下的會談，據2000年7月24日出版的『商業週刊』第661期所載自1990年12月31日起至1992年8月止，共計有九次的會談。據透露，在1992年6月26日的第八次會談中，確定海基會與大陸海協會的領導人的會談，亦即辜振甫與汪道涵的會談。1992年8月4日，大陸海協會會長汪道涵先生正式致函

台北海基會董事長辜振甫先生於當年擇日擇地就「當前經濟發展及雙方會務諸問題」進行兩會負責人的會談。

汪先生來函後，海基會一方面與主管機關陸委會舉行兩會高層聯繫會報，一方面透過執政黨內部所設的「大陸工作策劃小組」的機制（大陸工作策劃小組，由執政黨秘書長宋楚瑜任召集人，我與行政院副院長施啟揚為副召集人，成員有辜振甫、黃昆輝、馬英九、宋心濂等人）進行討論。最後決定接受邀請，但為凸顯兩岸對等地位以及不相隸屬的關係，建議會談可在當年十月中下旬舉行，但地點則堅持要在新加坡。之所以如此選擇，因為新加坡的李光耀總理曾遊走兩岸，關切兩岸的和平發展，而且有時亦會扮演傳話的角色。新加坡既被選為地主國，禮貌上自應告知，並請求同意與配合。李總理又係新國大老，當然應該派遣適當人物，當面請益並告知，以示隆重，這一任務又落到我的頭上。

我那時身兼總統府的發言人，而國內政潮斯時又時起時伏，我的動向備受新聞界的關切，舉行辜汪會談是極秘密的決定，而我又不能大搖大擺地赴新加坡，正苦悶間，不意機會來了。

1992年，美國舉行總統大選，共和黨提名布希總統連任的黨提名大會，將於1992年8月16日至20日在德州的休斯頓舉行。中國國民黨決定應共和黨之邀，派遣代表團與會。這個代表團由當時的黨秘書長宋楚瑜帶隊，文工會主任祝基瀅，組工會副主任武奎煜，北高兩市副主委

朱甌、彭雲龍以及四、五個地方黨部的主委共16人組成，我為掩人耳目，亦參加其中，成為位列宋秘書長之後的第二號人物。

我們一行於8月15日抵休斯頓，16日向大會報到，然後是一連串的酒會、餐會與造勢活動，忙的不亦樂乎，這樣熬到19日，我等不及布希發表接受提名演說，就趁眾人忙成一團的機會，避開新聞媒體記者（當時採訪此一大會的華文新聞媒體共有十八人之多，而且住在同一旅館），僱了計程車，直奔機場，搭機赴舊金山，隨即轉新航班機直飛新加坡去也。

8月20日凌晨五點多，抵達新加坡樟宜機場。我駐星代表陳毓駒兄一人在機場內迎候，隨即驅車赴香格里拉大酒店，他還用化名替我訂了一個房間，稍事休息，九時三十分離店，由代表處司機Amir開車，我獨自一人逕赴Istana拜會李資政光耀先生。

我首先代表總統向其致候以及對其關注兩岸關係的熱情表示感謝與敬佩，旋即簡報兩岸關係的最新發展，以及我方對辜汪會談地點選擇新加坡的動機與選擇十月中下旬會談的原因，並請其大力支持。李資政聞後表示極大欣慰，兩岸在相隔四十年後，舉行如此重要的會談，新加坡被選為會談地點，至表榮幸。星方願盡一切努力，提供舒適與便利的安排，使會談成功，請將此意轉告我總統。惟須聲明者，星方僅為提供安排之主人，而非兩岸此次會談之中人，有關會談內容與協議，請兩岸逕自商定。旋並指定外交部副常任秘書施君為此次會談之

協調人，相關細節，請於會後逕與聯繫云。談話約一小時，均由星外交部亞洲司副司長林明河君記錄（林君曾任星駐台北代表處副代表，與我熟識，後奉調出任星駐廈門總領事，其夫人為台灣人）。告退後即與施君聯繫，續談細節，渠建議會談地點為香格里拉大酒店，我覺得酒店雖尚清靜，但終究是一個公共場所，並非合宜，故未予同意，施旋建議在我代表處附近之海皇大廈，經察看後甚為滿意，乃作初步決定，俟海協會代表團來星後再共同決定。

我回旅館後，即與蘇主任志誠通話，告知星方亟願配合情形，蘇即將此意報告李總統並轉相關單位，翌日即8月21日，我搭機返台北，又當面向李總統簡報此行經過。8月22日，辜董事長即發函海協會會長汪道涵先生：「鑑於邇來兩岸交流趨於頻繁，雙方如能開誠務實加強溝通，諒對兩岸關係之穩定增進，尤其兩會會務之開展，有所裨益；故建議今年十月中下旬或適當時日在新加坡，就有關兩會會務及兩岸文化、經貿交流問題，進行商談」。

9月30日，海協會覆函表示：「汪會長對辜先生接受邀請，擇期會晤，甚為歡迎」。嗣因「一個中國」定義問題，兩岸在香港低層次會談中糾纏不清，一直等到11月中，始達成各自口頭表述的共識，結始解開，故海協會於11月底再度來函，建議於12月上旬進行「辜汪會談」預備性磋商；下旬舉行正式會談。但因我在年底有立法委員選舉，而且農曆年關又近，諸多不便，故未同意。由於會談延期，不能

不通知新方，於是我在11月下旬又秘密訪星，拜會李資政，又做了一次密使。

1992年8月20日密訪新加坡與李資政會談的經過，那次做的天衣無縫，保密到家，我自己也頗覺得意。回國報告之後，原決定於十月中下旬前舉行辜汪會談，但這時卻出現了決策上的變化。

變化之一是海陸發生大戰。海基會的秘書長陳榮傑兄與陸委會的主委黃昆輝發生嚴重衝突，兩人在立法院的答詢中，公開槓上，陳形容自己是躺在擔架上，執行海基會的任務，處處捆綁，身心俱疲，堅決求去。黃則幸災樂禍，預備把自己人，即當時的陸委會副主委葉金鳳女士運作去接替，但似乎未獲辜振甫董事長的認可，此時海基會秘書長一職正處於角力狀態，繼任人選未定，因此影響了會談的籌備工作。

變化之二是年底正預備舉行立法委員的選舉，執政黨方面傾全力介入輔選工作，若干與兩岸事務相關的首長，不僅無法推動兩岸事務，而且連例行性，較具時間性的海峽兩岸事務的會議，都先後停開。當時舉行辜汪會談的決策，尚在保密之中，一旦公開，統獨爭議必至一發不可收拾地步，民進黨一定會以出賣台灣作為攻擊政府的藉口。那年的選情對執政黨已然不利，那麼，選舉結果就會很難看了。果然，由於此次立委選舉失利，國民黨秘書長宋楚瑜下台鞠躬，不意，反為李主席提拔出任台灣省政府主席，引起國民黨中生代間權力的爭奪，

終至最後形成主流與非主流的政爭。

辜汪會談要延期，自然不能不通知會談地主國新加坡與李光耀資政，於是這一任務又落到我的頭上。

經過與李資政機要秘書陳慶贊先生的聯繫安排，我於11月14日（星期六）搭星航班機赴新，登機手續由機場人員代辦，我則從飛機旁的扶梯逕自登機，以避人耳目。好在國人搭乘星航班機赴星者較少（國人喜搭華航或長榮），也就沒有碰到熟人。抵達樟宜機場後，仍由陳毓駒兄一人接機，安排住進香格里拉以後，稍作休息，即驅車赴總統府會晤李資政去了。

那天的會晤，從三時開始，以至三時三刻，仍由林明河兄記錄。會晤時，我首先向李資政表示感謝，在極短促的時間內，同意安排接見。此行目的在於告知辜汪會談之延期，因為十二月底有立法委員的選舉，執政黨正全力投入之中，故對於辜汪會談之準備工作與會議主題擬定等無暇顧及。選舉之後又逢農曆新年假期，故而會談將延至在明年（1993年）二月份以後。渠聞後一再表示，對於辜汪會談在新加坡舉行，渠及新加坡對之無限歡迎，任何對雙方方便之時間，新方均願配合。渠認為我目前仍居於優勢地位。如堅持不談，則一旦對岸經濟發展，西方國家趨之惟恐不及之時，則我已失談判籌碼。談固然需要談，但亦不宜以急迫態度出之，我謝其指教。話題一轉，渠主動告知，九月間曾有大陸之行，但未提辜汪會談將在新加坡舉行一事，而

大陸領導方面，亦未提出。據渠觀察，楊尚昆（時任國家主席）與江澤民（時任黨總書記）之氣勢，其權位似未動搖，相較之下，李鵬（時任國務院總理）稍嫌膽怯。又據渠之推測，Apec Summit 在1994-95年間最有舉行可能（謹按首次Apec 之高峰會議於1993年10月在美國西雅圖舉行），對於我國領袖出席此項高峰會議，中共必定反對，因涉及國家認同問題，但台灣亦不宜氣餒，可以平行方式，透過美國及其他國家，間接與中共商談。（此事最後雖未成功，但兩岸同一天先後加入WTO模式，則在2000年年底實現）。渠嗣又提及建立亞洲安全防禦體系一事，據告加拿大、澳洲、日本、南韓均表贊成，但兩年前之東協（ASEAN）會議中，美國務卿Baker則表反對。如果美國能放棄其反對立場轉而支持，則此一體系實現之機會甚大，而屆時我國參加之可能性似較Apec Summit為大，因為此事牽涉整個亞洲的安全也。

渠對台灣關懷之情，溢於言表。渠繼又分析美國政情。渠認為民主黨之總統候選人克林頓涉外經驗不多，而且民主黨一向對國際問題的主張不夠堅定堅決，不如雷根與老布希政府，而且一貫不主張動武用兵，故其政策較難捉摸。如果美政府中之強硬派得勢，則必將以人權問題作為對中共施壓之強硬手段，亦可能在最惠國條款中對中共附加若干條件，以逼其就範，故預期中共與美國之關係，初時必甚緊張。因之，中共可能無暇對我採取主動攻勢，盼我善于運用此一情勢及契機。至於中共對台政策，楊尚昆與吳學謙仍居舉足輕重地位，楊白冰

之出局（謹按當時楊家將曾遭整肅）恐係中共元老派反對之故，並不足以證明鄧小平與楊尚昆裂縫之出現也。最後談到渠本人在十二月本擬有台北之行，現因台灣選舉，故將於12月15-17日訪日本後赴香港，在香港多留些日子。故而訪台之行，恐待農曆年前後了。

李資政是個非常有智慧的政治家，他對世局的觀察與剖析，常有精闢獨到之處，他幾次來台，我幾乎都曾陪同，言談之間，受益匪淺。尤其他對大陸情勢的研判與對大陸領導人士的分析，都彌足珍貴，我在往後使星的日子裡，親炙教澤，亦師亦友，至今思之，尤倍感溫馨。我嘗自思，二次大戰以後，倍獲世人尊敬與推崇之華人，僅有兩人，一為大陸之鄧小平，一為新加坡之李光耀。鄧小平以其生命力之韌性，三起三落，終至引領中國走出孤立，貧窮窘境，但因有巨大之中國作為支撐，故其在國際社會中之縱橫捭闔，無關其個人之魅力。而李光耀則反之，以面積僅647平方公里的新加坡，在國際上所享有之光度與亮度，與其國力極不相稱，所以然者，全在李資政個人的手腕、經驗、洞見與政治魅力也。

兩次密使任務，總算平安稱職，順利完成，返國以後照例報告，不意由於海基會秘書長人選，各方一再角力，不易交集，而辜汪會談又迫在眉睫，形勢急轉直下，最後竟將腦筋動到我的頭上，此事發展，容後再述。

在前文中，我曾說明於1988年回國後參與規劃兩岸政策與架構的大

致經過。由於當初我政府仍堅持「不接觸、不談判、不妥協」的三不政策，故在兩岸交往架構中設計了一個白手套，即「財團法人海峽交流基金會」。「財團法人海峽交流基金會」後來由政府與民間正式集資成立，由民間聲望極高的辜振甫先生出任董事長，並聘請理律法律事務所的合夥人陳長文先生出任副董事長兼秘書長，實際掌理海基會的業務。長文先生學養俱佳，自視甚高。接任後不久即赴對岸訪問，由時任副總理的吳學謙與國台辦副主任唐樹備出面接待，曾就一個中國等問題展開唇槍舌戰，不僅知所進退，而且應對恰如其分，海基會在其領導下，亦開始展開事務性的商談工作，如辦理文書驗證是。但其後國內政壇卻發生了主流與非主流的政爭。陳先生由於是國防部長年的法律顧問，故與先後出任參謀總長、國防部長與行政院長的郝柏村先生交情頗深，因此政爭時期，據聞非主流所召開的祕密會議，有時亦在陳府舉行，可見參與之深。這一消息傳至層峰耳中，對陳的信任度自然打了折扣，加以海基會充任白手套任務，萬一與對方有暗盤聯繫，對當今以及主流派自屬不利，加上對1990.9.12兩岸紅十字會在金門簽訂協議所產生的疑慮（註一），於是情勢逼得陳長文非走不可，後來陳在立法院答詢時曾遭受種種屈辱，乃決心求去，將職位交給時任副秘書長的陳榮傑先生暫代，陳榮傑是陳長文的同班同學，海基會成立陳長文出任秘書長後，即請當時在我駐南斐大使館任參事的陳榮傑先生以副秘書長身分（主管法律事務，另兩位副秘書長石齊平，主管

經貿，李慶平，主管文化、新聞）前來協助，後來陳榮傑因暫代而真除，很想有一番作為，期間發生了「私」赴廈門事件，更受到陸委會的嚴斥（註二），海陸兩會大戰，於是爆發，以致在立法院答詢時，陳榮傑以躺在擔架上執行海基會秘書長職務諷刺陸委會的限制過當與無理掣肘，黃（昆輝）陳兩人公開撕裂，走路的，當然又是陳榮傑了。

　　黃昆輝從小學教員做起，一路做到台灣省教育廳長，由於豐原中學禮堂倒塌事件，為時任省主席的李登輝扛起了責任，宣佈請辭而受李的賞識。一路受李的提拔，做了政務委員。行政院大陸委員會成立後，繼施啟揚出任該會主任委員。老實講，他對兩岸事務所知有限，當時在執政黨有關「兩岸工作策劃小組」討論兩岸事務時，多半是裝著笑容仔細聆聽，而少發表意見，一付孺子可教模樣。李（登輝）李（煥）體制垮台以後，郝柏村繼任行政院長，一度有意調其出任教育部長，但郝為了討好李登輝，認為外交、國防與大陸事務，屬於總統的大權，用一個本省籍的主任委員，便於與李相處，故改變主意，由黃留任。黃自思得到李、郝信任，故頗欲抓權，尤其以控制海基會為首一任務，陳長文既然自請辭職，陳榮傑又係以駐外大使館參事調任，自然不在他的眼下，因之對陳榮傑的「管制」自然更嚴，而且絲毫不予尊重。「尊嚴」兩字，真不知道值多少錢一兩！陳榮傑在此情況下，壯烈犧牲，慘遭出局，轉任「自立晚報」社長去矣。專跑兩岸新聞的報社記者調侃海基會秘書長，累仆累繼，先後壯烈成仁，有謂：

「長江後浪推前浪，前浪通通死在沙灘上」！不幸，我又繼之。

　　黃昆輝為了一統海陸，故極力運作他的副手葉金鳳女士接任海基會秘書長，葉係法官出生，任國民大會代表，以其法學素養，頗得李登輝器重，故曾出任國大主席團主席，主導幾次修憲工作，為了使伊能在行政界出頭，故讓其出任陸委會副主委，主管法律事務，葉為人調理清晰，頭腦清楚，可惜的是，並無兩岸關係的背景以及外交談判的經驗，故而辜董事長在再三考慮之下，鑑於辜汪會談舉行在即，最好有人能夠馬上提槍上馬，而又有一層信任感，可以不辱使命，於是就把腦筋動到我的頭上。我兩次出任密使時，並無此種感覺，不意等我第二次自新加坡回來後，情勢一變，自此又打亂了我的生涯規劃，影響了我原本平靜無波的日子。

註一：

台灣於1987.11.2開放老兵赴大陸探親，主其事者為台北之中國紅十字會，紅十字會後經改組由徐亨先生任會長，陳長文先生為秘書長，兩岸紅十字會為此而建立了聯繫管道，並且多次互訪。1990年，7月與8月連續發生「閩平漁5540號」與「閩平漁5202號」漁船的偷渡與溺水死亡事件，兩會覺得有為遣返作業談判之必要。結果於1990.9.11-12日兩會在金門舉行會談，對方代表除紅十字會秘書長韓長林外，尚包括國代辦的樂美真局長，我方則有陳長文等人。雙方於12日簽署協議，確定五項遣返原則。這是自1986年5月19日華航王錫爵事件兩航談判協議後的首次兩岸人民團體間的協議。事後，我紅十字會曾有報告呈給紅十字會名譽會長李總

統，我於閱讀報告後多方打探，據我的了解，李總統好像事先不知有此次談判，如此敏感度極高的會談，似乎亦未經執政黨內部相關單位如策劃小組加以討論，故李極為驚駭。金門屬於戰地，對岸代表包括國代辦局長居然可以堂而皇之前來談判，是誰逕行核准？這也是以後形成政局起伏的原因之一。

註二：

為了交涉偷渡犯遣返以及漁事糾紛，當時對岸的海峽關係協會秘書長鄒哲開（曾任北京駐港第三號人物，政協常委）正在廈門公幹，以電話請陳榮傑隨遣返船赴廈門一晤，陳允諾並成行。據事後陳云，曾以口頭向陸委會報備，陸委會則鄭重否認，斥為無稽，當時並商議是否要加以議處，使陳滿腔熱心，換回的卻是顏面盡失，種下往後與黃昆輝公開決裂的因子。

10 人生又一轉折──出任海基會秘書長始末

我自入高中起，即立志要做外交官，為國家爭取權益，我因大學聯考未能進入政治大學外交系，故後來重考又轉系，終於如願以償。可是進入外交系並不一定能夠保證進外交部，因為尚需要通過外交領事人員的高考或特考，才可以進入外交部的大門。我以孤注一擲的精神，不眠不休一個月奮力投入考試準備，終於在激烈的競爭中，僥倖獲得錄取，那年參加投考者，有兩百多人，經過一、二、三試後，最後僅錄取十二名，還真不容易。我始終以為，外交官是一個高尚的職業，而外交又是一個很好的志業，從投入外交工作開始，頗有「從一而終」的打算，看看外國的職業外交官，都是一生的志業，從少年以至白頭，兢兢業業毫無怨悔。我國外交官有不少是半途出家的學者從政型，如胡適、如蔣廷黻、如葉公超、如陳之邁、如董顯光等等，而早期出色的外交官，如顧維鈞、施肇基、顏惠慶等等，則不是赫赫有名的政治人物，就是卓有成就的社會名流。大陸時期的職業外交官出類拔萃者似不甚多，到了台灣以後，由於政治環境突變，而外交戰場上更需要衝鋒陷陣的好漢，日子一久，終其

身而有成就的職業外交官就多了。

　　我們自年輕時投入外交行列，心中別無雜念，希望一輩子待在外交圈裡，假如能以「大使」名位告老，就心滿意足，對自己有個交代。時光荏苒，一幌過去了三十多年，我亦從外交部委任科員、外館助理三等秘書，最後升遷至駐外大使，心裡已覺十分滿意，此生夫復何求。

　　後來，因緣際會，居然出任特任官級的總統府副秘書長，不能不說是人生的一大轉折。自入總統府以來，戰戰兢兢，盡心盡力，雖然一手經管雜務，但亦涉入外交工作，故亦得心應手，雖則賠入一己健康，但亦毫無怨言，此一人生轉折，我乃甘之如飴，惟不知，往後如何發展耳。想想如能再回外交懷抱，應該是不錯的出路。

　　兩次密使任務完成之後，我始終沒有警覺，仍忙碌於我的日常工作，加以年關將近，每日工作，幾無餘暇，根本沒有料到，有人會把海基會秘書長一職，動到我的頭上。十二月十九日是立法委員選舉的日子，選舉過後不久，我記得是一個星期天的晚上，接到總統府秘書室蘇主任志誠的電話，先是哈哈兩聲，接著就說有人向李總統借將了。他告訴我說，大概是今日辜濂松先生與李總統球敘，辜以受其叔辜振甫先生之託，以辜汪會談在即，亟盼我能前去幫忙，故請總統能夠放人，據說總統答以先找我談談再說。蘇盼我心裡先有一個譜，免得總統找我談話時，不知拿捏。我先是一驚，最後謝謝他的善意告

知。大概是第二天或者是第三天，總統即找我長談，他表示有意在他任內，追求兩岸關係穩定，俾兩岸可以平衡地各自發展，相互競爭，以時間換取空間。渠自1990年以後之種種政策與作為，莫不朝此方向前進。即將舉行的辜汪會談，是非常重要的一步，會談如不成功，兩岸關係可能急速倒退，會談能夠成功，象徵著兩岸關係的突破，那麼較長期的穩定與各自發展始有可能。他最缺少的是有人可以代表他，甚至以後能常駐大陸，作為橋樑，更所期盼。因我有涉外背景，這四年餘來，對渠多有臂助，一則表示讚賞與感謝，一則表示渠對我之信任，故擬派我為海基會秘書長，一方面協助辜振甫先生之會談，另一方面亦可努力穩定兩岸關係，庶不負渠之期望云云。我聽了以後頗為感動，當告以如係任務交付，則我輩外交官出身的人，自當敬謹接受，有如軍人之奉命出征。但此事事出突然，可否容我稍作考慮，再行回報。這次談話長達四十分鐘，以其態度之誠懇與言語之和婉，確有相當大的說服力。辭出後，我即赴李副總統元簇辦公室，向他報告剛剛與總統談話經過。由於早些時元簇先生任總統府秘書長，我為其副手，兩人默契十足，他是早期政大畢業學長，對我這個學弟照顧備至，而他在任內曾兩次住院開刀，都是我推著輪椅床進手術房，故我一有問題，常常請教於他。他的看法並不贊成我去，因為從世俗的眼光看，我在府裡已工作四年半，年後內閣如有改組，我可出任部會首長，而海基會為民間機構，而且兩岸關係錯綜複雜，加以民進黨常有

反對意見，屆時恐怕不易討好，勸我三思。此一說法，頗合情理，乃使我進退維谷。歸後長考，並與內子商量，內子對於我公事上的出處，向來相信我的抉擇，我自忖受國家政府栽培（絕非八股），而且李總統對我有不次拔擢之恩，如非他的知遇，我今天仍在非洲南部鄉下，這四年半府中的歷練，已使我整個人脫胎換骨，視野增寬，層次提升，今者，李總統有此意願，我如為仕途關係，推而不就，豈是知恩圖報的好例証？況且我這幾年，對於推動兩岸關係，頗有心得，而且始終認為台灣的前途發展，絕大部份取決於兩岸關係的發展。對像我這種年紀的大陸人來說，所謂「中國情」是很自然的，而且想到將來有機會常駐大陸，為兩岸事務奔走，這恐怕是別人不易得到的機會。我心意已決，決定接受此一挑戰。數天後，我即回報總統，他至表愉快，又與我暢談數十分鐘，讓我放手做去。

我自信太足，不知政治複雜，我以專業人士自居，但各方視海基會秘書長職務，有高度政治性質，我在外交界太久，而所謂政治歷練，不過在總統府四年半而已，以致以後碰得鼻青臉腫，不堪回首。

事情定下來以後，翌年（1993年）1月4日中午，辜振甫先生即約我午餐，對我來海基會協助，表示歡迎與感謝。我即謂辜先生喜唱京戲，且常扮演諸葛孔明，羽扇綸巾，運籌帷幄，今我投入門下，願扮演廖化角色，為先生分憂也。

1月11日黃昆輝約我吃飯，率同高孔廉、葉金鳳兩位副主委出席。

我即表示，此次奉命出任海基會新職，至盼海陸兩會能精誠合作，且黃與我皆係所謂「國王人馬」，我對兩岸關係之拿捏，渠應可明瞭，故盼能充分授權，相互合作。此時，渠即擺出上級指導長官姿態，謂海陸兩會，以往互動不良，乃因制度未曾建立穩定之故，今後吾兄上任以後，一切盼照制度運作，聽其口氣，似無精誠合作之意，而有加強監督之圖。餐時，我即警覺，心中大叫不好。但此時主客易位，遠非當年之國民黨內之策劃小組情況可比。我想在命令未發表前一度抽腿，但以榮譽心作祟，頭已剃了一半，只有豁出去了，以後演變，果然荒腔走板，難得善終。

11 粉墨登場、果真成了「廖化」

民國82年（1993年）年初，正是台北的政治旺季。隨著行政院長郝柏村的請辭，政府接著改組，由省主席連戰繼任行政院長，連戰的遺缺由國民黨秘書長宋楚瑜接任，而宋楚瑜的位子則由駐日本代表許水德接替。這是真正李登輝時代的開始。也是所謂非主流全面潰敗的結局。李登輝總統終於掌握了全面的大權。連戰溫順平和，由李一手栽培，「李連體制」的建立與以前的「李李體制」「李郝體制」不可同日而語。李總統不僅主導了人事，更主導了政策。由於李的任期前三年著墨在憲政改革與權力掌握，故任期的後三年，則著眼在兩岸關係的良性發展與國際地位的爭取，進而部署1996年的首任總統直選，成為中華民國歷史上第一位經過民選考驗的總統。

在這樣的考量下，對於兩岸事務人才的佈局，就有了大致的輪廓。國統會仍由其掌控，陸委會主委則留任聽話的黃昆輝，但將李的機要室主任焦仁和下放為副主委，一則可以控管，再則可予焦以政務歷練（焦在總統府工作八年，一直未曾對外）。海基會仍由辜振甫先生掌舵，而大副則換成了我。陸

委會與海基會仍由台籍人士主控，證明政府不會出賣台灣人的權益，但為了與老共打交道，易於被接受，安排了外省籍的焦仁和與我，如此一條鞭的佈局，既可貫徹李的大陸政策主軸，又在執行上亦不致有所差錯。我們這些人就成為他棋局中的棋子，尤其是我，在充滿理想而又帶點阿Q精神的情況下，乃連降四級，出任海基會的祕書長，辜老覺得我以特任官身分下放過意不去，乃匆匆修改海基會的章程，增設副董事長一人（原為兩人，即許勝發與陳長文）由我以副董事長身份兼任祕書長。李總統為了對我稍作補償，除仍命我兼任國統會研究委員與陸委會顧問外，又增聘我為部長級的國策顧問，總是仁至義盡了，這是後話。

1月20日海基會第二任祕書長陳榮傑先生的辭呈，正式獲得辜振甫先生的批准，並訂於二月一日離職。於是，有人釋出訊息，謂遺缺將由我繼任，記者向我探問究竟，我答覆說在總統府內工作，甚為滿意，到府外去的工作意願，不是很高，但若是「上面」任務交付，自然另當別論，這是既不否認亦不承認的說法。消息出來以後，輿論界首先反應良好，而且期待亦高，民意代表多持肯定，但民進黨方面認為我的層級過高，將來與對岸談判，一定會涉及政治上敏感議題，不無焦慮。企業界人士則認為兩岸關係停滯不前，台商在大陸投資缺乏保障，三通又卡在政治問題，感覺海基會功能不彰，如果由我出任祕書長，則可提升海基會的地位與活絡兩岸交流，故泰半表示可

以接受。最有意思的是自立晚報的記者陳依玫小姐在二月二十五日的報導中用了以下標題：「從頭滑腳底，策略運用，調差海基會，連降四級，邱進益犧牲不小」。報導中說明：『姑且不論當事人的意願如何，此一安排對於現任總統府副秘書長的邱進益而言，則在職等上連降四級，從主導大陸政策的「頭」，（指我任國統會的執行秘書，是決定大陸政策的頭）一下子放到執行大陸政策的「腳」，如果決策當局基於對現階段海基會功能，辜汪會談之重大動作，而做出此一特殊任務性考量的人事安排，對邱進益個人而言，恐怕是屬於「拔刀相助」的一種犧牲奉獻了』，這真是持平而論，可謂是我當時下放海基會的一種寫照。她又繼續分析我出馬的真正原因，其一在「辜汪會談」即將舉行，辜先生需要一位得力的談判、接觸能上第一線的助手，而又因為邱的出馬，加重了辜汪會談的籌碼，對大陸傳遞我方極為重要的訊息。其二是各方力量交相爭逐、暗中較勁，包括來自國民黨內保守派，均希望掌握此一職務，因而，善於協調、人和的邱進益成為辜振甫最後的希望。這一分析亦屬合情合理。

喧喧嚷嚷，沸沸騰騰，這樣弄到了三月初，連內閣正式確定，依照海基會秘書長任命的作業程序，要由辜振甫先生以海基會董事長的身份，行文給陸委會，陸委會據以呈請行政院長批准。另一方面，因為海基會是民間機構，我的官方身分必須先行解決，於是我正式提出退休申請並辭去政府職務。再一方面，海基會於提報行政院長核定後，於三月

十一日召開董監事會，首先選我為董事，再修改章程，將副董事長由二人變為三人，並選我為副董事長，再聘我出任秘書長。會議召開時，我在隔壁的會客室等候，一直等到全部程序完畢，我始被邀請入會議室，向大家對我的選任表示感謝並即席演講，我指出自入公職三十餘年以來，只有這一次的新職，使我輾轉難眠，思考良久，而且深覺責任重大，以能力學識經驗所限，可能會使諸位及國人失望。但既已接受挑戰，自必盡力以赴，俾不負各界期望，尤其「辜汪會談」在即，首一任務必使會談成功，盼各位多多指教。全場熱烈鼓掌賀我新任，我乃鞠躬而退，並訂明日（三月十二日）正式交接，從此開始我在海基會服務的日子。

12 走馬上任 躍馬中原

海基會秘書長交接典禮，（中）辜振甫董事長（左）代理秘書長石齊平（右）本人

一九九三年三月十二日上午十時三十分，舉行新舊任海基會秘書長交接典禮。由辜董事長振甫先生監交，我自代理秘書長石齊平兄的手中接過印信。由於各界對我的期望是如此之高，以致致賀花籃堆滿整個走廊，我特地帶了一塊朋友送我的柏林圍牆推倒後的石頭前往接任，我向大家大聲宣佈，我在海基會的任內，希望能推倒橫在兩岸人民心理間的一堵圍牆。我特地強調，我希望我所扮演的角色不僅僅是一個「傳話者」（Messenger），而是一個談判者（Negotiator），我將忠實地、耐心地向對岸闡

釋我們訂定國家統一綱領的意涵與精神，尤其希望對岸能夠了解此次對大陸事務的人事上的安排，所釋放的信息。我又提出「雙贏」的概念，作為將來兩岸談判的指導原則，這是我多年外交官經驗中所體會出來的結論。假如不能達到「雙贏」，那麼，任何的談判都是沒有結果的，如果是「單贏」，那一定是「兵臨城下」式的屈辱之盟，而將來必定又是兵戎相見，兩次世界大戰的經驗，足可提供佐證。我亦呼籲大家以平常心，看待未來可能舉行的「辜汪會談」，兩岸相隔四十餘年，一旦坐下來談判，不可能立刻解決

上：辜振甫董事長與黃昆輝握手
下：接任海基會秘書長後致詞

蔣彥士秘書長親送至總統府大門口告別

所有問題。我更希望陸委會善盡督導的責任,更盼望民意代表尤其是立法委員能以多鼓勵來代替責備。

交接典禮與記者招待會後,我即匆匆返回總統府參加在十一時半舉行的歡送茶會,茶會由總統府秘書長蔣彥士主持,並且頒授我「一等功績獎章」,以表彰我四年多來的服務,我的心裡既存感激又有感慨,更有感傷。

感激的是我以一個職業外交官的出身,居然有機會參贊中樞,對國內四年來的內政、外交、兩岸事務均有某種程度的些許貢獻。感慨的是,當同儕都有很好的安排之時,我卻連降四級赴海基會擔任秘書長,而且將面臨各方紛至沓來的壓力。感傷的是,我與總統府同事相

處四年有餘，我對同仁的照顧，從職務上的升遷到眷舍的興建，甚至對男女同仁廁所的不成比例而進行的改建工作，真可以說無微不至。如今一旦分離，真是感傷不已。最後在蔣秘書長率領下，全體同仁列隊介壽館大門鼓掌相送。別矣！我親愛的工作夥伴！別矣！我曾經工作四年多的介壽館。我強忍著眼淚，跳上汽車，不敢再回頭一看！

如今回想，上任日子的選擇，非常重要。無論婚喪喜慶，中國人都喜歡選擇黃道吉日。三月十二日正是國父孫中山先生逝世之日，我事先無選擇的權力與機會，在這一天上任，大概註定了沒有好運，以後事情的演變，證明我在海基會任職，可謂相當「短命」——不過九個月的光景，打破我任公職以來最短任期的記錄！

對於我的出任新職，除了國內各界一致寄於期望之外，對岸海協會

總統府秘書長蔣彥士，參軍長林文禮主持歡送禮

的反應，亦出乎意料之外的快速。海協會的常務副會長唐樹備先生與副會長兼秘書長鄒哲開先生當日即傳真致賀，謂：「喜聞先生榮任海基會副董事長兼秘書長，我們表示祝賀，並希望貴我兩會進一步加強聯繫與合作，為促進兩岸關係發展共同努力，我會已盛邀先生率團訪問北京，我們盼望與先生早日面晤，共商兩會會務，討論雙方關心的問題」。此外，海協會又以正式公函致海基會說：「一年多來，貴我兩會建立了密切的聯繫，在促進兩岸民間交往與交流，妥善處理交往中產生的具體問題、推動事務性商談等方面，進行了合作，得到了兩岸同胞的肯定，對兩岸關係發展有所助益。為加強貴我兩會的聯繫與合作，我會邀請邱進益先生早日率團訪問北京，可洽商兩會會務，也可商談兩岸公証書使用、掛號函件業務問題，還可就『辜汪會晤』準備事項交換意見，或可討論雙方關心的其他問題」。

這樣快速的反應，一方面表示大陸對我出任新職的歡迎與殷切期望，另一方面象徵著『辜汪會談』已開始踏出了第一步。對於這一邀請究宜如何回應，不僅考驗著我，更考驗我方新佈局下的大陸政策。

翌日（三月十三日）星期六，陸委會與海基會高級主管開會商討對此事的回應。會中決定由我回函，希望大陸方面對「兩岸公証書使用查証協議」與「兩岸掛號查詢、補償事宜協議」儘快達成協議——此兩協議都是事務性的問題，可是諮商經年，而無結果——以營造良好的氣氛，但不提我是否應邀訪問北京問題，作為試驗。於是我在十六

日（星期二）本此決議，正式去函海協會，要求回覆。

　　三月十五日是星期一。我與海基會一級主管在陸委會主委黃昆輝率領下，赴立法院內政委員會備詢。立法院有五十八位委員登記質詢，多半矛頭指向我。記憶中提出質詢的有陳水扁，呂秀蓮，張俊雄，林濁水，張俊宏等人，言辭犀利，深怕我會出賣台灣人的利益。後來陳、呂曾貴為總統、副總統，張俊雄曾任行政院長與海基會董事長，張俊宏則曾任海基會副董事長，獨林濁水依然故我，淪為民進黨孤鳥，世事多變，不過十餘年光景，景象迥然不同，怎能令人不感慨系之！

出席立法院委員會答詢

13 快馬加鞭 開啟辜汪會談之門

　　一九九三年三月十六日，在我出任海基會副董事長兼秘書長四日之後，即去函對岸海協會，盼就「兩岸公證書使用查證協議」與「兩岸掛號函件查詢、補償事宜協議」，迅速達成協議，俾為兩岸良性協商創造條件，因為當時陸委會與海基會的設計是「連環套」策略。如果兩岸能先達成上述兩個協議，則我始可應邀前赴大陸作「辜汪會談」的預備會談，而後「辜汪會談」始可舉行。我雖然心理上並不同意如此做法，但為了上任伊始，息事寧人，故勉強同意。

　　這兩個協議究竟因何而起？為何要訂？不得不稍著筆墨，加以敘述，俾讀者有所了解。

　　從兩岸自1987年開放交流以後，台灣民眾前往大陸探親、探病、奔喪、旅遊等已絡繹不絕，因而產生了許多繼承、認證、財產紛爭、旅遊糾紛等牽涉人民權利義務的事件。但以往並無任何機構可以承乏其事，而雙方官署所發證明彼此均不承認。海基會於1991年成立後，陸續接到各方提出將近一萬件的公證文書，盼獲證明。海基會於是轉向大陸各地的公證員協會要求核定真偽，但多無回應。由於此

事涉及人民權利義務者甚大，於是政府正式委託海基會與大陸方面協商處理此一問題。

這項談判從1991年首任秘書長陳長文接受赴大陸訪問時非正式地提出後，雙方經過將近兩年的談判，仍無法達成共識。一直到1992年11月雙方在香港談判，同意以各自口頭方式表述「一個中國」原則後，始有正面發展，但迄我於1993年3月接任秘書長時止，仍有若干條目，發生歧見。我思之再三，層峰既交付使命囑開好「辜汪會談」，如果此關不破，而陸委會又訂下「連環套」計略，則辜汪會談如何談起？當下，我即決定派遣法律處長許惠祐率同相關人員五人，於三月二十五日前往北京與海協會再度進行談判。同時，透過台北相關友人，向北京表示，如此事不能達成協議，則我無法訪陸，更不用談對「辜汪會談」進行預備性的商談了。這招果然有效，許惠祐與對方於三月二十六、二十七日兩天會談後，很快就達成協議，並決定由我於稍後訪陸時，與海協會常務副會長唐樹備草簽，再於「辜汪會談」時由兩老正式簽署。此一結果，距離我上任正好兩週。

「兩岸公證書使用查證協議」共有九條條文，包括聯繫主體、寄送公證書副本、公證書查證、文書格式、其他文書、協議履行變更與終止、爭議解決、未盡事宜、簽署生效等。協議於1993年5月29日起正式生效實施，迄今為止，所辦理的公證文件已在百萬件以上，海基會為求便民，以後更在高雄與台中各設辦事處，設若當時無此協議，不難

想像兩岸人民交往如何繼續。

　　至於「兩岸掛號函件查詢、補償事宜協議」，則係由於官方上不通郵，故雙方來往郵件均經香港收轉。有時交寄重要證件甚至有價貨幣、證券等如有遺失，雙方輾轉查詢，並不理賠，此事亦影響民眾利益甚鉅。於是政府又委託海基會與對方談判，此事亦從1991年開始談判，其命運與上述之公證書查證協議相同，延擱經年，此次則一併解決。這項協議全文十二條，包括開辦範圍、聯繫方式、傳遞方法、查詢期限、答覆期限、繕發驗單、各自理賠、文件格式、協議履行變更與終止、爭議解決、未盡事宜、生效實施等。該協議亦於1993年5月29日生效實施，雙方人民均同受其惠。

　　許惠祐所負的另一項使命是，如果協議皆有眉目，則可就我本人訪問大陸一事交換意見並試探大陸所作之可能安排。許一行於三月二十八日回台，晚上八時，即由我率同許一行前往陸委會提出簡報。

　　事實上，三月二十七日上午，陸委會主委黃昆輝即召集陸委會副主委高孔廉、葉金鳳、焦仁和，主秘何希淳，企劃處長鄭安國與海基會辜董事長，我本人，以及副秘書長石齊平在行政院舉行早餐會報，討論本人訪問大陸的事，會中決定，我赴北京之行之重要任務，在作預備性諮商，不主動提出拜會，不涉及任何政治性議題云。

　　其實大陸方面，對於我之將訪，極表歡迎。大陸方面之有關人士，透過台灣記者放出消息：（1）邱某人來訪將下榻釣魚台國賓館（2）

安排新任副總理錢其琛或其他副總理及國台辦主任王兆國與我會面（1993.3.29.中時張所鵬報導），同時聯合報記者王美惠與尹乃馨亦在同日報導唐樹備的談話，證實將安排本人會見一位副總理，並將予適當的禮遇。此一消息一出，引起軒然大波。民進黨立委均表示，此純係為建立中共高層與李登輝總統聯繫管道而設計，政治敏感度極高，而且夜宿釣魚台賓館，是否另有祕密任務。此議乃使陸委會退縮，即對我下達命令：不准入住釣魚台賓館，拜會以中國紅十字會等相關民間人士為限，（遑論副總理階層），不准接談任何政治性質議題，換言之，我的行動受到了限制，我的嘴巴被封，耳朵被搗，成了半殘之人，這是政府對待一個奉命前往談判的「代表」的半吊子做法。翌日有記者來訪問，我強調說北京之行秉持「任務單純」「議題集中」兩項原則，不會主動提出與中共高層官員會面，對於不期而遇，則保持不卑不亢、不退縮、不迴避的氣度。

三月三十一日，海基會正式函告海協會，新任秘書長邱某人決定接受海協會邀請，將於四月七日至十一日赴北京與海協會常務副會長唐樹備磋商「辜汪會談」有關事宜，並進行上述兩項協議的草簽。另一方面，由我本人具名致唐樹備與鄒哲開兩位，感謝其來函賀我新任並決定應邀赴北京訪問。

歷史性的「辜汪會談」序幕，終於揭開了。

14 舉步維艱 包袱沈重

一九九三年三月三十一日，海基會方始去函正式告知大陸海協會，本人將於四月七日至十一日，接受邀請赴北京訪問並磋商「辜汪會談」事宜，而國內之反對黨「民進黨」則立即擺開陣仗，對我開火。四月一日上午，立法院通過變更議程，於下午改開內政、外交、法制委員會聯席會議，邀請陸委會主委黃昆輝與我本人專案報告「辜汪會談」及「四月北京之行」事宜並備詢。這次聯席會議自下午兩點半開始，一直到下午七時半，足足開了五個小時，登記質詢的委員有37位，結果僅有十五人質詢完畢。會議主席是民進黨的葉菊蘭委員（後曾任交通部長、行政院副院長及高雄市代理市長），先後發言的有謝長廷（曾任行政院長）、魏鏞（國民黨籍・已逝）、陳水扁（曾任總統）、呂秀蓮（曾任副總統）、張俊雄（曾任行政院長、海基會董事長）、盧修一（民進黨・已逝）、江偉平、韓國瑜、顏錦福、黃煌雄、葉耀鵬、陳唐山（曾任總統府秘書長及外長）、蘇嘉全（曾任內政部長）、林濁水、蔡同榮等人（其中民進黨籍十三人，國民黨籍三人）。質詢委員多認為我是「大內高手」「欽

差大臣」，以我以往的背景，此次赴陸，所談者絕不只是事務性的問題，這是國共第三次的政治合作，此行一定會出賣台灣以及台灣人的利益。呂秀蓮並且比喻說，「邱此行好像小老鼠投到大貓的懷抱」。我說，我生肖倒是屬鼠，但我不以為大陸談判者是隻大貓，絕不會投懷送抱。而且在我心中念茲在茲的均為中華民國的利益，我是受兩千萬同胞的輾轉委託前去談判，為兩岸人民的實際與切身問題尋求解決之方。我保證不作正式行程外的任何私密接觸，況且此行隨同往訪的國內記者有四十多人，我如何可以躲開而作後花園私會行動（陳水扁語）。我以台語告訴他們「安啦！」，立委要黃昆輝保證，如我在大陸時涉及政治敏感話題或私會大陸官員，他一定要電召我回國。經黃加以保證後，始結束了五個鐘頭的質詢。

四月二日，黃主委與我又舉行聯袂的記者招待會，說明此行的任務，陸委會為了取信於反對黨以及社會大眾，還公佈了各項會談議題，陸委會對海基會的授權內容與範圍。這是明顯違反談判慣例的作法，無形中將我剝光衣服，赤裸裸地坦露在對手談判者之前，真是難以想像。當日自立晚報漫畫家L.C.C.特別畫了一幅漫畫，我站在一塊書寫「立法院」的站板上，全身上下只剩一條內褲，口中唸說「一切透明化，總不能叫我連內褲也脫下來吧?」，旁邊有三架望遠鏡，旁白說「據本黨中常會觀察，一定有什麼東西在他的內褲裡面…」。真是最好的寫照，這幅漫畫後由L.C.C.簽名送給「中國統一勞苦功高的當事

人---邱進益秘書長」，我視之為寶，珍藏迄今。

我在記者會中特別提出，此行除了「任務單純化與議題集中化」之外再加上「一切透明化」。同時亦將不住宿於釣魚台賓館，而是北京王府井大街旁的「貴賓樓」，同時公佈訪問日程如下：

四月七日　上午自台北出發，下午經香港抵北京，晚應海協會宴請。

四月八日　上午到香山碧雲寺向國父衣冠塚致敬，下午與海協會首度商談，晚上節目未定。

四月九日　上午第二度商談，下午第三度商談（副秘書長層級，我則走訪長城，參觀故宮）晚間節目未定。

四月十日　上午第四度商談，下午總結會談，草簽兩份事務性協議，晚間由我設宴回請。

四月十一日　上午參觀活動，下午一點自北京啟程返台，晚上九點半至十點向陸委會報告經過。

四月四日，我派海基會主任秘書吳恕，率同法律服務處處長許惠祐、法律及秘書處同仁林鳳飛、林燕文共四人，作為我的先遣部隊前往北京部署一切。

四月五、六兩日，我忙於做出訪前的準備，又不斷的接受各報記者的專訪，我除了強調前述的「任務單純化、議題集中化、一切透明化」之外，又誠懇呼籲各界對談判同仁應多予鼓勵與肯定，不宜以防

賊心態出之。我雖以如履深淵的精神準備出訪，但仍以平常心為之。

這時候，卻又發生了兩件插曲之事。五日，有立法委員林正杰與吳德美等人去北京會晤了中共統戰部長王兆國和海協會會長汪道涵，王、汪均表示不反對兩岸簽署和平協定及互不侵犯協議，消息傳回國內，各方均予高度關注，於是我又成為媒體追逐的對象，詢我是否會在此行中涉及此等議題，由於我在1992年5月曾倡議兩岸簽署「互不侵犯協定」，王、汪兩氏之發言，似乎是遙為呼應，若合符節。我雖然心想，果能談及此種問題，對兩岸之安定與和平將會有重要影響，但以此時此刻，民進黨對我此行已有狐疑，而在全民並無共識之際，自然不能輕易碰觸，於是再三加以澄清，此行絕不涉及如此敏感議題，即使對方刻意提起，我亦只有「洗耳恭聽」「將對方意見帶回」。民進黨在此一時節曾一再要求組織「辜汪會談觀察團」，以監督海基會不會出賣台灣利益，政府則堅決拒之，恐怕節外生枝，使會談破功；雙方拉鋸之間，我雖一再加以澄清，而對方聽者藐藐，最後終於有新加坡鬧場之舉。

另一個插曲是大陸南方航空公司的一架班機，適巧在六日上午由兩名大陸男子劉保才與黃樹剛劫持來台，我們又是一陣忙碌。那時候，大陸飛機被劫持赴台的案例前後不下十起之多，尤其碰到端午、中秋兩節，幾乎都有劫機事件發生。由於經驗多了，我們亦建立起處理慣例，通常是人機分離，人先扣押交我國法院審理，而飛機及機上乘

右為海基會副秘書長石齊平

客、機員則經由海基會通知海協會，原機遣返。由於依例處理，南航班機亦於六日晚飛回，尚未影響我們整個的出訪行程。

四月七日一早，我率領副秘書長石齊平等共十人，赴桃園國際機場，準備搭八時三十分華航601次班機赴港轉飛北京。誰知一到機場，即見由呂秀蓮立委所率領的民眾抗議團五、六十人，拉起白布條，抗議我們赴大陸談判，而且以行動阻擋我們離境。呂秀蓮咄咄逼人，豎起手指，指向我的鼻子，大聲說抗議我此行出賣台灣利益，並且警告我，如果屬實，將在我回國後控訴我為「賣國賊」。我以任務在身，

不宜久纏，以快步方式脫離包圍，向管制門行進，俟我坐上飛機，身心始得安定，百感交集，我以特任級政務官而連降四級，出任海基會秘書長一職，究竟所為何來？但我沒有悲觀、傷感的權利，摔摔頭，心中唸起「般若婆羅蜜多心經」，閉目養神，重新調整我的情緒與思緒，迎接不可知的談判戰場。

15 踏上神州 瀟灑走一回

跳上飛機，正待閉目養神，但起飛後不久，隨行的記者老爺小姐們可不讓我閒著，即使是短短的八十分鐘飛程，他們也要抓住機會，來作訪問，無奈只得與他們閒聊，而且保証在香港飛往北京的航途中，與他們再作仔細的交談，同時，毫無保留地答覆他們的詢問。飛機於上午10時16分抵港，轉搭12時50分中國民航班機飛北京，於16時15分到達北京首都機場。

在飛機上，記者們關心的是我個人此次登陸的心情。我在民國39年（1950）5月，從家鄉江蘇省嵊泗縣隨著舟山國軍撤退而至台灣，迄今算之，已有43年未曾返鄉，此次重履故鄉土地，心中的激動難免。但因連日來遭遇許多折騰，加以任務在身，成敗未卜，激動的心情早遭淹沒，所剩只有平常心了。他們當然也關心此次談判的議題，達成協議的可能性，以及行程的安排等等，我一本善意與誠意，能說的都告訴他們，不能說的也能得到他們的諒解，這是我做外交部與總統府發言人時的一貫態度，我這種態度延續至今，所以交到了不少的記者朋友。總計此次隨行的電子與平面媒體的記者群有

四十多人，真是盛況空前了。

　　下午16時15分抵達北京首都機場，海協會秘書長鄒哲開先生（鄒後來調香港服務，為中聯辦第三號人物，最後任福建省政協副主席，現已退休）率海協同仁前來接機，我們一行以臨時通行證方式禮遇通關，這算是相當優待的一種通行方式。我下機步入機場貴賓室時即受到百餘名記者訪問，我於是即席發表談話，「首先要感謝唐樹備先生與鄒哲開先生的邀請，前來北京訪問。也謹代表海基會向大陸同胞表示問候之意。回顧過去，真是令人不勝唏噓!海峽兩岸四十多年的分隔，實在是中華民族的不幸。展望將來，如何消除彼此疏離、隔閡、改善兩岸關係，確實是一項艱鉅的工程，這一工程，需要全體中國人以耐心、愛心與智慧來共同努力完成」。我接著說明台北國家統一委員會訂定「國家統一綱領」的內容，最後希望「海基會與海協會雙方能以更務實的精神，更開闊的胸襟，透過兩會之間所建立的這座橋樑能逐步建立關懷、善意與互信，為兩岸關係奠下堅實的基礎」。隨後又答覆中外媒體記者的詢問。大約半小時後，全團乘坐四輛賓士車，在武警開導之下，前往北京長安大街的貴賓樓酒店安頓。北京貴賓樓出動武警四十多人，保衛安全，情況空前。當晚海協會常務副會長唐樹備（我的談判對象兼邀訪主人）在釣魚台國賓館十一號樓備宴款待。

　　這是我與唐樹備先生的第一次接觸，唐是外交官出身，做過駐日

本大使館的秘書、駐舊金山的總領事與駐美大使館公使、北京外交部
台灣事務辦公室主任；國務院台辦常務副主任，上海市人。我亦是外
交系統出身，做過駐瑞典代表及駐史瓦濟蘭大使，我的家鄉江蘇省嵊
泗縣，一度亦屬於上海市，故勉強可視之為小同鄉，以此背景加上大
環境的因素，使得我們往後數次談判，均能達到令雙方滿意的結果，
此是後話。那晚晚宴從六時半開始，至八時半始結束，雙方再就往後
的行程加以確認，席間杯觥交錯，我開始領略老共的宴請方式，從座
位安排，品酒種類，上菜次序以及飯前飯後致辭等，似乎與我們不太
相同。由於明天就要開始正式行程，雖則敬酒頻頻，但大家都淺嚐輒
止，因為，我們在回酒店後仍得集會，就明日活動作好相關的準備，
於是在見好就收的情況下，告別主人。

　　四月八日上午8時20分即離開酒店，由海協會及國台辦人員驅車

前往北京市郊香山公園，9時45分向國父孫中山先生遺像獻花致敬，稍後拜謁國父衣冠塚。為了表示我們來自中華民國，為了表示對首創中華民國的國父孫中山先生的崇敬，我們堅持到北京後的首一行程要前往香山公園。這一提議得到對方的尊敬與接受，因之我們得以順利進行。隨行記者頻頻詢問我的感想，我謂國父一度上書李鴻章，提供建議，未蒙採納，甲午戰爭，割讓台灣，遂萌生推翻滿清之志。民國建立，國事如麻，終以肝疾病逝於民國十四年三月十二日。臨逝仍不忘疾呼和平奮鬥救中國，如今兩岸分割四十餘年，兩岸人民與當局應該思考如何消除誤解，消弭隔閡，建立互信、互助與互利關係以達到統一，來告慰國父於地下。這一個拜謁國父衣冠塚的節目，以後為連

拜會海協會會長汪道涵交換意見。左為海基會副秘書長石齊平，右為海協會常務副會長唐樹備

戰、宋楚瑜國親兩黨主席赴大陸訪問時立下示範。

　　下午兩時赴釣魚台國賓館正式拜會唐先生，也正式領教大陸領導人的會面方式，大廳中間是兩張沙發，沙發中間有一個寬寬的茶几，茶几上置有麥克風兩個，備主人客人對話時用。客位在右，海基會的代表團在右方一字排開，主位在左，海協會的代表則依序而坐，會見時允許記者採訪，但固定在主客位前方十幾公尺左右的廂廊。客套話有時比場面話或正式談判語言要難些。尤其是雙方敵視數十年之久，而又在相互摸底的階段。唐以主人身份，首先歡迎我本人及代表團人員來訪，繼以統戰我口吻，強調中華民族大義，盼兩會在求同存異的前提下，舉行會談達成協議。我笑答稱：昨日自台北起飛時為陰天，過香港則成雨天，而飛至北京時又轉為晴天，其實陰天、雨天、晴天均為人所能感覺的天候現象，但飛至三萬英尺高空時，天空是一片晴朗萬里無雲，可見凡事如能從高處著眼，臨空感受，自能有較大胸襟與氣度來處理事務。兩人高來高去，引起記者滿堂大笑。會見於2時20分結束，2時30分開始正式閉門會談，這是海峽兩岸分隔四十餘年，經過兩岸領導人充分授權的最高層次的會談，為兩岸關係開啟了歷史的新頁。

　　下午兩點半開始，雙方的代表團在釣魚台十一號國賓館內展開正式的會談，我首先感謝海協會以及唐樹備先生等的邀請，來北京訪問及會談。我也有一顆誠摯的心，希望此行能圓滿達成任務，我也提出

展開正式會談

「雙贏」的想法，盼望雙方能避開意識形態的執著，而實事求是地解決問題，接著就提出具體的問題。我要求先決定未來辜汪會議的名稱。大陸方面一開始就盯著汪道涵先生致辜振甫先生的邀請函上說的是「會晤」，故一再堅用「會晤」的字樣。我方則認為「會晤」只是見面聊聊天，沒有嚴肅的意涵，兩岸兩會領導人，既經雙方政府的指派，則應該是正式的「會談」，而且希望能有具體的結果，並將結果形諸於文字，以資信守。海協會因將此事定位為會晤，故對會面結果僅提出共同新聞稿以說明會晤情形，我方則認為既為「會談」，自應有結論，而應以「協議」方式為之。此事經反覆辯論，最後海協會

始讓步，接受「會談」兩字，對方稱之為「汪辜會談」，我方則稱之為「辜汪會談」，至於「會談」後的結論以何種方式表達，則另行討論。

其次是會談的地點、時程與參加人員。由於我方一開始就堅持會談的地點在新加坡，海協方面稱尊重我方意願，同意在新加坡舉行，但盼此為唯一的例外，以後的會談應在大陸或台灣舉行。會談時程則因數度延期，而原則決定於四月下旬，不超過五月，至於參加會談的人員，為免生枝節，限定為兩會處長級以上人員，不超過十人，且其職位應相互對等。

再就是兩會制度化聯繫事宜，兩會經過此次正式會談以後，應建立制度化的聯繫方式。兩會領導人以及實際負責人應安排定期見面，兩會內部應建立何種建置？雙方人員應享受何種便利？給予何種協助？緊急事件發生時，如：大陸飛機被劫持赴台灣，應如何聯繫及提供協助等等。經過討論後，決定兩會領導人不定期會面，兩會實際負責人即海協會常務副會長與海基會副董事長兼秘書長則每半年會面一次，處長階層每2個月會面一次。我更提出兩會內部各設（1）經濟貿易（2）文化旅遊（3）法律顧問以及因應需要的專案或專業小組，另外，為便於緊急聯繫及協助，由兩會副會長及副秘書長作為熱線的連絡人，這些意見大都為海協會所接受。至於我所提及的兩會人員往來所享受的（1）人身自由（2）通訊自由以及入出境便利，大陸

方面則有所保留。尤其對入出境字樣極為敏感，有形成國與國關係的危險，故堅持用進入對方機場或港口等字樣以為取代。在整個的談判過程中，對方都非常注意以及用心所用的字彙，如我們認為大陸同胞常「偷渡」入台灣打工，對方則用「以非法方式進入對方區域者」或「私渡」替代，我們認為大陸人民常有走私行為在海上進行買賣，他們則稱之為「小額貿易」，諸如此類，可謂層出不窮。

接下來談台商在大陸投資保障問題。唐的態度與以前不同，認為可以傾聽我方的意見，但仍一再強調大陸對台商已以外資待遇予以保障，且國務院有22條台商投資保障條例可資參辦，況且台灣對台商投資大陸亦不採鼓勵政策，故事實上無簽定協議的必要。我方則認為台商在大陸投資，對大陸經濟的發展卓有貢獻，台商對於在大陸所享受之地位與保障，以及政策與行政措施、執法態度等方面，時有抱怨。故實有重新檢討之必要。唐則表示，如我政府採取鼓勵台商赴陸投資之政策，以及海協會所提召開經濟會議—用民間形式，但由雙方官員參加，形成決議後送請政府參辦—與同意大陸派經貿人士訪台，則對方始可在台商投資保障方面，再做考慮，此事反覆辯論，所費時間亦多，因我方曾就台商投資保障事宜提出八款逐一討論，但因政府政策關係，對對方所提之先決條件，難以全允，故暫無結論，俟雙方內部之經貿小組成立後，再行研議。

再就是偷渡犯遣返與共同打擊海上犯罪問題。自開放探親以來，大

陸同胞私自偷渡來台打工的情事時有發生，我方警察局為了收容大陸偷渡客，設有「靖盧」多處，至談判時為止，已達兩千多人，不僅滿額，且有人滿為患情形，依據雙方紅十字會的協議，大陸方面應該派船接回，但大陸方面有時推諉而不肯接回，遂致收容之大陸同胞因節期（如端午、中秋）關係，思家情切，而致情緒不穩、鼓譟騷動，時有發生，且有一名大陸客居然上吊自殺。我與唐先生再三交涉，盼以人道為重，儘可能早日加以接回。我甚至提出如大陸方面有困難，我方願意自備船隻加以遣送，如果海上有海象問題，建議以空運方式加以補充，大陸方面的困難是，因為大陸客來自不同省份，遣返只能運至廈門，抵廈門後福建當局則須將其他省份之大陸客送返原地，費時費力費錢，故能拖則拖。經我與唐先生懇談後，允積極協調與各方聯繫，事後不到三星期，居然全部接回，這不能不歸功於唐樹備先生，亦是辜汪會談舉行前的具體成績。至於共同打擊海上犯罪，自1991年已經談起，僅及程序問題，此次則涉及實質部分及具體條款，但因管轄權問題以及執法單位所引起之司法權問題，而有延擱，擇期再談。

科技合作、新聞交流，青少年互訪等等涉及兩岸實質關係的促進方面，我們亦曾花很多時間商談，雙方對這些部分異見不多，很快達成協議。

最後唐先生提出金門守軍炮擊大陸漁船以及漁民死傷及其人道賠償問題。我答以此事多由大陸漁民故意闖入我方領海以及炸魚問題引

起，我方守軍通常在警告多次後，始予炮擊，以致有所傷亡，誠屬不幸，我承諾將此事帶回台北，轉請我軍方加以認真研究，約束前線官兵慎重將事，另一方面亦請大陸方面轉告福建、江浙當局，約束及教育其漁民，不要故意挑釁、濫炸魚源，唐允照辦。

商談至此，已近四個小時，乃予結束，雙方決定明（9）日上午由我方副秘書長石齊平率相關同仁與海協會副秘書長孫亞夫率相關同仁就細節問題舉行商談。

4月9日上午，唐樹備先生正式來我所住的貴賓樓總統套房回拜，因為昨日會談氣氛甚佳，故雙方談話亦頗投機，9時50分，我率部分同仁赴八達嶺遊長城；由海協會副秘書長劉剛奇陪同，當然亦由媒體記者隨行。俗話說「不到長城非好漢」，我則改為「不是好漢不敢來，來了就要當好漢」。我在長城遊覽了一個多鐘頭，還小跑了3、40公尺，以顯示台灣的活力，大陸記者問我首次登上長城的感想，我答以，古云「登泰山而小天下」，我則曰：「登長城而胸懷天下」。長城之建，首在禦敵，表示有戰爭狀態，現在二十一世紀來臨，世界趨向和平合作，所有中國人，應攜手共同促進世界和平與合作，中國人應該思考在未來世界中應該扮演何種角色，提供何種貢獻？

下午返回旅店休息，五時拜會紅十字會副會長顧英奇等，對紅會在我開放大陸探親後所予之協助表示感謝，並檢討將來海基會與紅會合作之可能性，晚上中國紅會在人民大會堂新疆廳設宴款待。

四月十日上午，我將昨前日會談仍待商榷與澄清的問題，交給副秘書長石齊平兄與海協相關同仁再談，我則抽暇赴故宮參觀。由故宮辦事處主任王景福先生陪同解說。我們一行人由午門的正門進入，王主任特別招呼走中間大門，他說這是皇帝才能走的路，我幽默回說，時代不一樣了，人人都可以做皇帝了。故宮為了我們一行，還特別開放了對外國元首級人物才開放的太和殿、保和殿、養心殿，真是禮遇備至。參觀從前皇帝聽戲的漱芳齋時，我特別坐上清朝保留下來的小凳子上，並開玩笑的說：「走在時光的隧道裡，坐在歷史的板凳上」，記者們聽了哈哈大笑。我也遊覽了故宮的後花園，又對記者們說：這下真被民進黨立委說中了，「邱某人終於在後花園私會了」。記者們又是會心一笑。這次故宮之行，對方接待周到，無怪乎當天的自立晚報以「總統級招待，邱進益參觀故宮」作為標題，大概是那時候剛離開海基會秘書長一職而後出任自立晚報社長的陳榮傑兄的感慨之言吧！

　　下午兩時，全團驅車赴釣魚台國賓館內的「芳菲苑」，由我與唐樹備先生草簽兩項已達成協議的「兩岸公證書使用查証協議」與「兩岸掛號函件查詢、補償事宜協議」。「芳菲苑」是大陸與外國簽署條約或協議的場所，那天無論是場地的佈置、雙方代表團的排列、簽字的儀式、互換簽名筆，事後進香檳慶祝等，都是一般性的國際禮儀，這使我有點意外，對台灣方面而言，大概也可以滿足一定程度的感受了。之後又赴原談判場所進行兩個多小時的會談，終於達成了八點協

議，隨後公開向記者們宣佈，這八點協議是：

（一）定位：雙方均認為「辜汪會談」是民間性、經濟性、事務性、功能性的會談。

（二）會談日期：正式會談訂於1993年4月27-28日舉行，必要時延長一天。

（三）會談地點：新加坡

（四）參加人員：雙方均為會務人員，各不得超過十人。

（五）第二次預備會議：海基會副董事長兼秘書長邱進益與海協會常務副會長唐樹備於4月23日先行抵新加坡舉行第二次預備會議。

（六）正式會談之議題：

（甲）兩會會務：

（1）雙方同意會談「兩會聯繫與會談制度」並簽署協議。

（2）確定兩會今年事務性商談議題：

a、違反有關規定進入對方地區之人員的遣返及相關問題。

b、有關共同打擊海上走私、搶劫等犯罪活動問題。

c、協商兩岸海上漁事糾紛之處理。

（乙）經濟交流：

（1）為促進兩岸經濟交流，海協會願意協助有關部門積極促進台商投資正當權益的保障；海基會願就台商在大陸投資及大陸經貿人士訪台協調有關機關予以積極促進。

（2）兩岸授權的民間團體共同籌設民間性質的兩岸經濟交流會議制度。

（3）雙方同意就共同開發能源資源問題進行討論，海協會建議向台灣地區提供勞務，海基會允諾將轉送主管機關考慮。

（丙）文教科技：

（1）文教交流。

（2）青少年交流。

（3）科技交流。

（4）新聞界交流。

（七）正式簽署「兩岸公證書使用查証協議」與「兩岸掛號函件查詢、補償事宜協議」。

（八）以適當方式共同宣佈「辜汪會談」的成果，但此一共同文件的名稱，有待商定。

自我於今年3月12日接任海基會副董事長兼秘書長一職之後，我念茲在茲都是如何能不辜負李登輝先生的交代與囑託，要一心一意開好辜汪會談。我以不到30天的時間，將辜汪會談的框架架定，同時營造一個良好的氣氛，走向雙贏之途，又適時迴避了反對黨所施予的壓力，真是殫智竭力，心血耗盡，全力付出，不計代價！

當晚我在貴賓樓設宴回請海協會唐樹備以下的代表團與海協會同仁，中國公證員協會領導幹部與郵政等相關人員共百餘人，杯觥交

錯，勸酒頻頻自然不在話下，席間有卡拉OK助興，我上去唱了兩首歌曲，一是「友情」表示友情可貴，宜加珍惜。二是「瀟灑走一回」，表示我此行瀟脫，可與海協會合作無間，不意一語成讖，後來因為海陸大戰而使我匆匆離開海基會，終我在海基會秘書長任內，踏上神州大陸，僅此一回！由於宴會氣氛過於high，唐樹備與我似均不勝酒力，我隨後回房休息，以致原訂與記者「吹風」的約會取消，為記者們訕笑與不滿，以致有返台以後在立法院被民進黨陳水扁委員消遣我「貴妃醉酒」的趣談。

4月11日上午，準備行囊之後，即率團赴人民大會堂拜會海協會汪道涵會長。臨出發前，陸委會高副主委孔廉以三次急電，囑我就昨日業已草簽完畢之雙方協議中某些事項加以修改，並威脅說如不照此修改，則辜汪會談即刻終止！這是什麼話？我所與對方達成的協議，都是陸委會白紙黑字所授權的，我既未逾越，可見是陸委會臨時改變主意，此種不懂談判的外行做法，真是貽笑大方！我在以後正式的辜汪會談中又遇到類似的狀況，真是累犯、慣犯！我心中真是憤怒已極，但轉思若因此而使辜汪會談終止，則多時、多人所費的心血，豈非白流！無奈，硬著頭皮赴人民大會堂見汪道涵會長。全團就座剛定，無暇寒暄（因有時間壓力，會晤後將逕赴機場搭機經港返台），我即向汪說明，台北方面對昨天所達成之若干事項，仍有些看法，不知汪會長可否允許再行提出？汪尚未答話，唐樹備在旁即插嘴表示，協議均

經草簽，似在建議汪不予置理。但汪卻慢條斯理回答：既然邱先生有邱先生的難處，我們仍然照他的意思加以修改吧！聞言大喜，我即建議就我方擬提出修改各點，由我會許惠祐處長與海協孫亞夫副秘書長在會客廳旁之小桌旁加以訂正，一方面我與汪會長繼續談話。此係我與汪首次會面，姑不論開好辜汪會談亦是大陸方面的既定政策，但汪在處理類似事件所顯示的氣度與雍容，至今仍值得我的尊敬。可惜辜、汪兩老相繼謝世，辜汪會談亦成絕響，豈不痛哉！

對於這次預備性的會議，輿論界一致叫好。4月11日中時記者張慧英北京專電：「邱此行不但在實質議題的討論上，為『辜汪會談』建立了一個完整的共識架構，也為會談營造了良好的氣氛，雖然這不能算是邱一人的功勞，但絕對是邱轉任兩岸工作後，第一張漂亮的成績單」。「討論三天以來，『辜汪會談』的腳本已經大致完成，就議事效率及議題內容而言，都有令人滿意的成績」。「綜觀邱此次北京之行，他一方面努力想使預備性磋商達到最大效果，一方面希望開始營造兩岸良好氣氛，一方面盡量降低行程活動的政治色彩，增加透明度，以消弭國內的疑慮，一方面又在適當機會宣傳國統綱領，任務可謂十分繁重，但是也達到了相當的成果，應該可以得到國人的肯定」。

真的肯定嗎？回台北一下飛機，民進黨立委呂秀蓮又率領民眾持白布條前來迎接，提出所謂「兩項肯定，四項否定」之說，我無暇亦

無意接腔,即赴記者會現場答覆記者詢問,然後匆匆搭車赴海基會向辜董事長報告。半個小時後又由辜董事長率領赴陸委會簡報,黃主委當面向我的成就表示敬意,認為此行相當平順,結果圓滿而成功,非常有價值云云。4月14日,又隨黃昆輝赴立法院向內政、外交委員會報告,民進黨立委居然指責的少,肯定的多,實在難得。

各方報告完畢,我不能浪費時間,又積極投入前赴新加坡舉行「辜汪會談」的工作了。

16 歷史性的會談 終在獅城登場

當我們正慶幸「辜汪會談預備性會議」的成功完成的時候，卻又碰上了不可預測的政治性風暴。這次風暴，幾乎折損了談判的主將，又可能使「辜汪會談」戛然終止，使得我們以前所付出的努力，隨落花流水而去。在此不能不加以敘述，以說明「辜汪會談」的艱辛。

這件政治性的風暴，當然由在野的反對黨—民進黨所引起。民進黨對於「辜汪會談」的立場，基本上是反對的。他們認為這是國共間第三次的談判與合作，其目的在出賣台灣的利益，接受中共「一國兩制」的安排，使台灣淪於萬劫不復的境地。但鑑於預備會議的成功與民進黨內較理性的份子對兩岸關係所採的務實態度，故放棄了原持反對的立場，轉而要求共同參與，加以監督。三月二十三日，民進黨立法院黨團決議成立「辜汪會談觀察團」，並積極主張派員參加我方的代表團。三月二十四日，陸委會黃昆輝主委即與多位民進黨立委共進早餐進行勸說，說明此次會談完全由陸委會主導，海基會只是「嘴巴」，扮演執行者的角色，絕非政治性質的會談，盼能三思，切莫落入中共「兩黨對談，多

黨參與」的圈套。三月二十五日，中共國台辦主任王兆國在中共八屆人大一次會議上發表聲明說：要結束分裂、實現統一，中共一貫主張國共兩黨談判，其他黨派、團體具有代表性的人士也可參加。但對辜汪會談，卻說完全是由兩岸中介團體人員參加，並不存在其他黨派人士參加的問題。此言一出，無異是雪上加霜，更增加民進黨人士的猜忌，儘管黃昆輝二十六日正式在立法院表示不希望民進黨的觀察團造成「黨對黨談判的假象」，但民進黨立法院黨團則決議，不論陸委會是否同意，都將堅持進入辜汪會談會場觀察。

四月十四日，我與黃昆輝在立法院內政、外交委員會報告辜汪會談預備性磋商經過時，誠如前述，多數立委雖對我的表現表示滿意，但民進黨仍堅持要組團到新加坡觀察辜汪會談。即使萬一民進黨無法親自臨場參與監督，則就退一步，推派一位學者參加，他們的人選是台大法律系教授林山田，以海基會顧問名義參與辜汪會談，但以「不介入、不干預、不背書」為原則。四月十五日黃昆輝表示陸委會傾向於不同意增加一名學者參與，民進黨對此不能接受。再加上政府方面的發言語意不明，一下子說是中共方面反對，一下子說是海基會及辜董事長反對，一下子又好像是陸委會不贊成，總之此事亦可顯示黃昆輝之無擔當，未把話直接講清楚，以致使民進黨一度遷怒於辜振甫，而使辜遭受無妄之災，加上民進黨立委陳水扁對辜先人辜顯榮的辱罵，而使辜萌生辭去之意，主將即將上場，卻已弄得滿身創傷，從歷

史上的談判經驗看，可謂史無前例。此亦反映了，在台灣從事兩岸事務與談判的人員所背負的重擔與原罪了。

四月二十日，民進黨又片面決定組成八人觀察團，團長蔡同榮、團員尤宏、沈富雄、陳唐山（就是以後說新加坡是LP的外交部長）、廖大林、劉文慶、黃昭輝、學者林山田，前往觀察辜汪會談。

四月二十二日，我準備前往新加坡，上午，立法院卻上演了炮轟辜振甫的鬧劇。立委陳水扁在發言前，先在發言台上貼上海報，要求「撤換台奸辜振甫」，他對聽說辜振甫反對民進黨派人參與辜汪會談表示事態嚴重，難道辜振甫是太上皇帝嗎？李登輝是不是兒總統？並對辜的先人辜顯榮多方抨擊，已嚴重地侮辱了辜振甫的人格。辜聞後情緒十分激動，就在同一天向李總統表達人格不可受辱的立場，考慮辭去海基會董事長並退出辜汪會談。李以事態嚴重，全力安撫，力勸忍辱為國，以大局為念。（此時距辜原定赴新加坡日期的四月二十六日僅差三天）並令黨政相關各界進行疏通，同時於翌日（二十三日）由陸委會副主委焦仁和正式對記者宣佈：經過陸委會的客觀評估，決定不邀請學者參加辜汪會談，陸委會對此將負起「評估責任」與「成敗責任」（此事如果早做說明，亦不至使辜董事長受此人格之辱而幾使辜汪會談流產）。另一方面，辜亦公開接受記者專訪，除對此事提出強烈抗議外，並說明事實真相「不讓學者參加會談的，很簡單，當然是陸委會」。「對於先人被侮辱，我感到十分痛心，部份立委不了

解真相就批評，硬是把我家族的事扯進來，其實他們只是反對政府的政策」。「事實上，參加兩岸會談並非出自我自己的意願，我已經表達要辭去海基會董事長一職了」。雖則如此，但民進黨方面，仍不罷休，二十三日上午，在立法院中仍以冗長發言，杯葛議事，主席劉松藩院長宣佈休息十分鐘，展開朝野協商，討論是否安排辜董事長在翌日（二十四日）到立法院作辜汪會談前的報告，後來協商破裂，民進黨繼續杯葛議程，經過兩個多小時的混亂，最後在接近中午時宣佈散會。辜董事長始才免去再赴立法院報告以及可能再度受辱的窘境，若果再度受辱，則辜極可能終止新加坡之行，歷史性的辜汪會談也就不可能發生了。

四月二十五日，民進黨立院黨團與國民大會黨團分組的辜汪會談觀察團，經協商後合併，重新定名為「民進黨國會反對國共統一會談宣達團」，由施明德（2006年成為反貪腐的紅衫軍總指揮，要求總統陳水扁下台）任總領隊，成員有立院黨團代表團團長蔡同榮、國大黨團代表團團長許丕龍、發言人陳唐山、張晉城，團員沈富雄、蔡明華、黃昭輝、蘇芳章、尤宏、唐碧娥、郭時南等人。以後他們去了新加坡，在我駐新加坡代表陳毓駒的歡迎酒會中與當地台商發生肢體衝突的事件以及親赴會談議場海皇大廈門前抗議為星警驅離的事件，雖然此舉引起舉世記者的注意與報導，但幸未影響到辜汪會談的進行，真是叨天之幸。

儘管台北仍在吵鬧是否允許民進黨派遣一位教授參與辜汪會談，以及民進黨將以何種方式赴新加坡「宣達」立場等等。我仍依原定行程，於四月二十二日搭乘華航671號班機於中午十二時四十五分啟程赴星，隨行的有法律服務處長許惠祐、經貿處長張宗麟、旅行服務處專員林源芳以及我的秘書田忠勇等人。行前，陸委會傳來第二階段預備性磋商的授權書，也是新「三不政策」：（1）不得涉及政治性議題；（2）不得涉及不符國統綱領進程階段的議題；（3）不得簽署任何協議書。這項「三不政策」把我緊緊圈住，幾乎難有行動自由，這也註定了我在新加坡談判期間的被動、挨打與消極防禦的下場，使我氣憤

我國駐新加坡代表陳毓駒（右）主持酒會，歡迎海基會董事長辜振甫（左）等代表團成員

難平。

　　下午五時十五分抵達新加坡樟宜機場，我駐星代表陳毓駒兄與星方實際負責安排此次會談的星外部副常任秘書施澤文先生等來接。匆匆趕往下榻的威信廣場酒店後，即於六時四十分在酒店四樓召開記者招待會，首先感謝星國政府提供會場及各種便利，乃使會談成為可能，但解釋星方所扮演之主人與中性角色，僅至於此，不及其他。記者一再問及何以選擇新加坡作為會談地點：我的答覆是：（1）新加坡與兩岸均保持友好關係，深得兩岸信賴；（2）在眾多「第三地」中，距台灣最近而且對我友善；（3）星國入出境便利，不需事前簽證；（4）星國亦屬華人地區，且我駐星單位之人力資源充沛。其實，此中隱含而未明言的，即是星國資政李光耀先生的從中折衷、穿梭，亦居極大的促成作用，我亦深信，若是在其他第三國舉行，大概亦難以獲得如此公平、中立而又恰如其分的支援。我至今對李資政心懷感激。至於詢及我此行的任務，約有下列四項：（1）與唐樹備協商共同確定會談場所及相關事宜；（2）確定四月二十七、二十八日會談的整個議程；（3）繼續商談第一次預備會議中未能達成共識的議題；（4）參與二十七、二十八日的正式會談。而且我將遵守陸委會的指示，每天下午一時及七時，向陸委會報告並於獲指示後，再進行下一步的商談。由於辜汪會談是兩岸分隔四十年來的「歷史性會談」（四月二十四日「聯合早報」與「英文海峽時報」用語）以致前來採訪的各國記者，

依據新加坡新聞及藝術部的統計，共有94家媒體，211位記者（其中台灣107人，大陸23人，香港21人，日本19人，馬來西亞16人，新加坡2人，其他歐美澳紐等23人），可謂盛況空前。由於海基會辜董事長遭到人身攻擊，有請辭念頭，記者亦關心此事並以此相詢。我答以：本人感到非常遺憾，並且沈痛地指出在「辜汪會談」開始前，國內這樣自亂陣腳，對於第一線談判人員自有很大影響。但我以為辜董事長必定以國家利益與個人歷史定位為重，定能準期與會（其實此時此刻，我心中忐忑不安，實無十足把握也）。接著我向大陸喊話。我強調說兩年前，我們片面宣佈終止動員戡亂時期，實在是對大陸釋出善意的一大步，隨後兩岸兩會相繼成立，對兩岸互動產生良好影響，而且兩岸緊張情勢的緩和，更對亞洲局勢是一大貢獻。此中亟盼兩岸此次會談能夠順利成功的願望，自是不言而喻了。

海協會唐樹備一行七人於同日晚上近十一時始抵新加坡，本來希望二十三日上午可以進行首輪談判的願望落空。唐一行下榻於麗晶飯店。關於下榻旅店一事，其中還有一段插曲。按照新加坡方面原先的構想，兩岸代表團住同一旅店，但不同樓層，會談可假同一旅店的會議大廳舉行，這樣對安全維護、新聞聯繫、交通安排等等，都較方便。我們得知此種安排後，急電星方要求各自分住，其原因是，台灣反對黨已經懷疑此次會談是國共會談，第三次合作，那麼同住一個旅店，是否會有偷偷摸摸的「私情」出現。兩團各住不同層樓，誰高

誰低？又可以被媒體大作文章，情商之下，只好分住了。翌日清晨七時，我即電話唐樹備先生，約定下午三時開始舉行第二階段預備會議的第一次會議，地點在星方所提議的海皇大廈（NOL）四樓或二十六樓舉行，我方對於海皇大廈作為會談場所，我於實地觀察後表示滿意。我亦希望唐先生實際前往一觀，如無意見，那就決定海皇大廈為此次「辜汪會談」的場所。海皇大廈由此而更形出名，如今四樓議場有大型圖片展示會談情形，台灣觀光客來星遊覽，亦有要求參觀海皇大廈者，我於1994年出任我國駐星代表，舊地重遊，睹景思情，回首當年海陸大戰，不勝唏噓！

會議準時於下午三時舉行，由於台灣產業界對台商在大陸投資保障問題，非常關心與迫切，故我於會中提出八項議題：（1）台商在大陸組織聯誼會；（2）兩岸商務糾紛在第三地仲裁；（3）停止對台商進行不當攤派；（4）台商擁有經營自主權及進出口自主權；（5）台商資金自由匯出大陸；（6）台商在陸之融資；（7）台商在陸使用外匯券；（8）海基會組織台商巡迴服務團。在此之前，我先做開場白，再度提出兩岸簽訂台商投資保障協議問題。何以故？因為大陸國務院對於台商在大陸投資，訂有「二十二條」規定。我方認為：第一，行政命令之「二十二條」法律性不足；第二，保障內容不符台商要求，以及具有歧視性，如台商投資糾紛之仲裁地，僅規定在大陸或香港而不可以赴第三地。唐樹備說明，因為台商在大陸投資，多用外商，如英

商、港商等名義，事實上，大陸與各國簽有投資保障協議，故應可涵蓋。至於台商組織聯誼會，目前已有六處，將來更無問題。談到企業利潤匯出大陸問題，已無困難。不當攤派已有法律詳細規定禁止，但若干地方政府可能執行仍有偏差，亟宜加以糾正。對於台灣銀行有意赴陸設立分行，經營人民幣業務，以加強對台商融資，渠願轉向大陸有關機關建議，但相對的，他也提出兩岸直航問題，因直航可以節省台商成本；對於簽訂投資保障協議，唐再三表示，目前仍有相當程度之困難，語氣雖然和婉，但態度卻甚堅決。他也希望台灣方面應放寬台商赴大陸投資的限制及產品進口的管制以及及早舉行經濟交流會議等議題，都牽涉到我們當前的政策限制，雙方在「予與取」之間皆有所堅持，亦有所讓步，同意至正式會議時再談。

　　至於兩會今年內應協商的事務性問題，確定共有五項：（1）偷渡客遣返；（2）共同防制犯罪；（3）漁事糾紛；（4）經濟交流及（5）智慧財產權之保障。至於兩會之制度化聯繫亦有多項決定，並同意由兩會副秘書長層級代表組成緊急突發事件如船難、劫機等之處理小組，會中並確定四月二十七日、二十八日會談議程如下：四月二十七日上午十時，辜汪首次會談，作大體討論，下午三時，邱唐繼續會商，辜汪夫婦則進行茶敘，晚上汪道涵夫婦設宴款待我方代表團。四月二十八日上午十時，邱唐工作會商，辜汪兩位夫人進行聯袂參訪，辜汪兩人則各自進行拜會星國官方活動，下午三時總結會議及

簽署正式協議（地點：東方大酒店），晚上辜振甫夫婦設宴款待大陸代表團，至於以上各項結論涉及具體問題或文字細節，交由雙方處長層次人員續作協商。首次會談歷三小時餘始結束，晚上唐樹備設宴邀請我團續作工作會商。

四月二十五日，兩會工作層次人員，我會許惠祐與對方周寧，我會副秘書長李慶平與對方副秘書長孫亞夫等分別分組會議，就邱唐會議所達成之各種協議，用文字落實，特別是有關兩會聯繫及會談制度化協議草案文本與共同文件之名稱、架構等再加斟酌，對於實在無法達成共識的問題，留交我與唐樹備決定，他們幾乎分別談判了一整天，可見其複雜與困難的程度了。

台灣採訪記者們，因為工作會談不開放採訪，故而一窩蜂擁到我這邊。電視記者特別需要相關的鏡頭，我在群眾要求下，於早晨七時半即沿旅館旁便道作晨跑，一大群記者跟跑，讓我又回到月初在長城跑步的時光。之後又向陸委會報告談判之詳情，上午抽空拜會新加坡前任駐華代表陳祝強，中午應榮民工程處駐星主任倪用端夫婦的午宴，下午舉行本會同仁內部的工作會報，就相關問題及準備工作一一加以過濾，務必做到滴水不漏的地步，對於各項議題則再進行攻防演習，以備知己知彼百戰不殆。晚上則設宴款待我駐新加坡代表處的同仁，以感謝他們對此次會談所作的貢獻。

海協會常務副會長唐樹備先生，真是名如其人，此來可謂有備而

來。大陸對此次談判的戰略設定，是讓國際注目，國共雙方又進行「政治性」的會談，正逐步走向統一。明明在北京預備會談的共識，此次會談是民間性、經濟性、事務性、功能性的，但大陸希望能將之提高為政治性以及政治性的對話。故而，唐先生自抵岸開始，即分別在不同的記者採訪場合，高唱兩岸統一前景、大陸兩岸終止敵對事宜，並積極促進三通與民間兩岸的經濟合作會議等等，不一而足。這使我方處於被動的招架狀態，我因奉陸委會指令，不能談政治議題，如果接話，就表示兩岸政治對話已經開始，那麼正好落實民進黨對此次會談的狐疑。許多台灣記者紛紛為我抱不平，認為我也可以一一回擊，但我謹守本分與立場，不予起鬨，一再強調北京預備會議的共識，並指出唐樹備的發言，已大大逸出預備會議的共識之外。唐多少有點警覺，故於正式會談之時，有所遏制，但汪道涵後來又提到極為敏感的三通問題，我方故意不予理會的尷尬場面，此是後話。

唐樹備精明、幹練、收放自如（這與他所得的授權有關）、口若懸河、態度從容，不失為一個談判的高手，這是我對他的評價，記者訪問我時我又強調：我的印象以及了解，唐先生是蠻強硬的，不易妥協的，但經過與他兩度的會談經驗，已經感到唐所顯示出的務實與理性，雙方雖有不同的觀念與立場，但經過彼此「共同語言」，已比較容易引起對方共鳴，我讓唐先生更能接受現實，因為會談不是爭論，是討論，討論解決雙方要解決的問題。

唐在接受新加坡與大陸記者採訪時，亦對我提出看法與評價，他說邱「有一種熱情來推動兩岸關係」並且用「一種靈活的態度，來處理雙方之間的一些分歧」，他個人很「讚賞邱進益先生」。唐又表示，邱是按台灣方面有關授權來辦事的，堅持了他該堅持的東西，而他確實希望促進兩岸關係。最後他又表示希望透過民間的交往、兩會的接觸以實現雙方在一個中國的原則下，討論兩岸的政治問題，走向中國和平統一。政治議題，只要邱獲得授權，他願意和邱談。司馬昭之心，昭然若揭，路人盡知矣！

　　對於我此次來星談判的處境，中國時報記者王銘義，曾經指出邱某人「幾乎是陷入腹背受敵，三面夾攻的艱難局面」。由於行政院陸委會為了化解來自立法院及社會各界對「辜汪會談」的政治疑慮，自北京磋商期間開始，即採取公佈「授權書」的透明方式，在每一階段談判進度之前，將政府的立場及授權權限，商談議題，因應方案底線，協商範圍等涉及談判籌碼的事務，完全加以限定，使得實際負責主談的邱某人，在談判桌上，經常面臨「不可說」的不利局面。更有甚者，唐樹備則以其大陸對台工作決策階層的立場，不僅對記者詢問的各項政治問題「有問必答」，甚至到了「侃侃而談」的統戰境界，完全沒有背負觸及「政治談判」的壓力。兩人所處環境，強弱立判，但我又能如何？

　　汪道涵會長，常居上海，此次為了辜汪會談，特地赴北京一行，

有所請示。離開北京登機前，中共統戰部部長、國台辦主任王兆國，特此前往送行，汪於四月二十五日搭中國民航CA957班機，於下午五時二十分抵新加坡，即發表聲明：除了說明此次辜汪會談出於他的主動之外，還強調：「為了中華民族包括兩千萬台灣同胞的根本利益，兩岸同胞應更具有前瞻性地去面對未來，把握住國際發展的趨勢所賦予我們中國人的歷史機遇，以寬闊的胸懷向前看，加強合作，攜手努力，共同振興中華。我們主張和平統一，我們雙方都有發展兩岸關係，實現和平統一的願望，就沒有什麼不能坐下來談的問題」。至於談判的原則，是十六字訣：「相互尊重、平等協商、實事求是、求同存異」，這十六字成為大陸最高的指導原則，以後有關辜汪會談的文件，幾乎都加重複與強調。

其實，關於辜汪兩人的抵星日期，我們早與海協會協調，希望都能在四月二十六日抵達，二十七日即開始會談。但汪老硬要提前一天到達，其所持的理由是由於班機的關係，但其實這又是大陸方面的出招。因為理論上，辜是汪邀請來會談的，他要以主人的身份早一天抵達，俾使迎接辜先生。事實上，他搶在前頭見到了新加坡的政治耆宿李光耀資政，並且在辜汪會談中取得先發的優勢，觀乎各國記者對汪來臨時的各種報導，就搶盡鋒頭了。

辜董事長一行，則於四月二十六日下午二時二十分抵達新加坡，隨即發表書面聲明，強調「海峽兩岸，不僅有地理、歷史、文化的淵

源，更有血濃於水的感情」。「當今世界潮流『對抗』已經為『和解』所替代，而『和解』正逐步邁進互惠互利的階段，今後海峽兩岸的中國人都應該揚棄『零和』的邏輯，秉持『雙贏』的理念，相互扶持，在經濟上，增進市場效應，在文化上，發揚傳統價值」。從辜、汪兩人的書面聲明來看，汪除突出其作為主人地位外，更強調政治性質的「和平統一」，而辜則訴之以情，強調經濟與文化的落實，兩者的出發點與期待不一，一目了然。

民進黨的宣達團一行行程，已如前述，而此時台北的「反共愛國陣線」亦來插花，他們是許承宗、吳東沂及張覺明等五人，亦於四月二十六日抵星，展開反制民進黨的舉動，以致有二十六日晚我駐星代表處陳代表毓駒為歡迎辜先生一行的酒會中發生鬧事、互嗆，勞動新加坡警方出面制止的事件，我旅星僑界中若干僑領，曾親眼目睹，此處不加敘述。

17

好戲開鑼 賣力演出

一九九三年四月二十七日，好戲開鑼囉！

辜汪會談首次會議訂於1993年4月27日上午10時在新加坡海皇大廈四樓舉行。「民進黨國會反對國共統一會談宣達團」則在9時30分即抵達會場，一方面舉行靜坐，一方面散發傳單，立委黃昭輝還高舉「堅持一中一台，反對國共和談」海報，來回遊

會談地點：新加坡海皇大樓。左右兩旁為出席代表團人員簽名

走。9時47分，海協會會長汪道涵一行十人，抵達會場，民進黨女性國代蔡明華、唐碧娥趨前向汪遞送「獨立建國綱領」中英文版，但汪置之不理，並在警察簇擁下進入會場。我團隨後到達，宣達團一行除高呼口號外，並未杯葛。不久，警察介入，黃的海報被收走，宣達團一行大概覺得目的已達成，於是返回他們下榻的威晶飯店，由施明德主持召開記者會去了。

陸委會副主任焦仁和到機場送行

　　海皇大廈26樓有兩個會議兼休息室，分別提供雙方代表團使用。各團在各自的休息室休息。之前，有一個禮儀性的問題需要解決。此次會議，名義上由汪道涵發函邀請，他是主人，辜先生及我們都是客人。按照慣例，主人應出面迎接客人，這就是為什麼汪比辜早一日到新加坡的理由。汪原定赴機場接辜先生，但那時辜適遭我國立法委員

邱唐預備會議

污蔑及攻訐之後，為免過度渲染，故在我們的建議之下，婉拒迎接。
辜汪兩人以前在其他國際場合，雖曾見面，但此次在新如何拜會，頗
費周章。我於是與唐樹備再三商議，決定於二十七日上午在正式會談
之前，雙方先行會面。我們的安排是：一待雙方抵達各自休息室的時
候，唐樹備即以汪先生代表的名義，前來我方休息室迎請辜先生前往
汪之休息室拜會，但所謂拜會，即是辜先生一抵汪之門口，汪即出前
迎接，並由邱唐兩人分別介紹，彼此握手後不加寒暄，雙方代表團即
進入同一部電梯，由26樓同赴4樓會議廳，同時抵達，同時進入會場，
不分先後。由於認定主客之別，故首日首次會議，海協會一團坐位向

門，以示其為主人，我團則背門，以示客人。故汪先生一行需魚貫繞桌而行，辜先生俟汪找到座位後，雙方即握手坐下，預備開始寒暄。

在此又不妨追述關於桌面的安排。依海協會的意見，大陸見客都是左右雙向，一字排開，主客分明。此次辜汪會談，與會晤性質相同，故不妨依大陸之例，我不但表示不妥，而且堅持要用長桌，雙方對面而坐，表示平等且可顯示出會談或談判的意味，而非漫不經意的會客方式就座。最後，唐先生終於同意了。但為表示我方對汪先生及海協會的尊重，首次首日會談坐向，由他們面門，第二次會議，則由我們面門，以示對等。首次會議，汪老既為主人，故由汪老首先發言，辜老再加回應。凡此細節，在旁人看來，或不無好笑以及吹毛求疵之嫌，但就我方而言，尤其就我以策劃人與安排人立場而言，稍有不慎，又可能再度背負賣台媚共的罪名了。

辜董事長舉行記者招待會

雙方代表團出席之名單如下：

海協會

汪道涵 唐樹備 鄒哲開 劉剛奇 孫亞夫 徐志勤

李亞飛 周 寧 劉建中 馬曉光

海基會

辜振甫 邱進益 石齊平 李慶平 許惠祐

朱榮智 張宗麟 張全聲 何武良 林源芳

辜汪兩位老先生尚未坐定，會議桌兩旁的中外記者即要求兩位握手。兩老乃又起身握手，為了回應攝影記者們的要求，左右轉向合共四次，才能使他們滿意，在中外媒體的攝影機鏡頭下，兩岸在分隔44年後，其最高層次的談判代表終於相互握手，這確實是歷史性的一刻，也見證一個兩岸關係新時代的開始！

兩老坐定後，開始寒暄。由於兩老對京劇都有認識，於是先從戲劇開始作為話題，氣氛融洽，如此過了約十分鐘後，會談正式開始，但氣氛隨著汪老的問候辭就起了變化。

「這次我和唐先生及協會的同仁們，很高興地來到新加坡與辜先生會談。這次會談經過唐先生與邱先生的預備性磋商，已經有了很好的基礎。我希望與辜先生的會談能獲得圓滿成果，不辜負海峽兩岸同胞和廣大海外僑胞的殷切期望。」——非常得體。

「現在，我首先轉達江澤民先生、李鵬先生向辜先生問好，並請辜

先生轉達他們個人對李登輝先生、連戰先生問候。他們也向曾支持這次會談的郝柏村先生問好。」

這真是一顆震撼彈，完全在我們沙盤作業的推演之外。這次會談再三界定是民間性質，會務性質，我們所要努力清除的，即是任何牽涉政治意涵的議題和語言，這也就是唐樹備在前幾天大談特談政治議題時，我不予回應的道理。不意汪老卻輕描淡寫地提及大陸領導人對我總統及行政院長的問候，這不就是兩岸領導人友好的象徵？這似乎也暗示了國共之間的某種關係。問候語中又提及了郝柏村，這分明有某種離間的陰謀存在，聞之真的不寒而慄，民進黨前所懷疑的國共和談，豈不是真的？如此，倒不能責怪民進黨當時的過慮了。兩岸情況不同，大陸方面諒亦未料到，此種形同多餘的問候語，可能又增加辜老的壓力不小。

汪老的致詞長達四十分鐘，四大部分，綱舉目張，尤其強調在經濟交流問題，而且又大喇喇地提出三通問題，使得會談扭緊了發條，可能面臨破裂後果。他的致詞要點，可簡述如下：

第一部份，談及會談的議題、性質和主旨精神，提出了十六字訣，即相互尊重，平等協商，實事求是，求同存異。

第二部份，關於海峽兩岸經濟交流合作問題，提出：

1.兩岸經濟交流合作的迫切性和必然性

兩岸應攜手合作「和則兩利」，希望台資進陸。

2. 對兩岸經濟合作的基本主張

和衷共濟、互補互利、共同繁榮、振興中華

3. 直接「三通」應當擺上議事日程

可先從貨運的海上定點直航談起。

4. 關於兩會共同籌開民間的經濟交流會議（制度）的建議

會議宗旨在推動兩岸經濟、科技交流與合作，希望得到政府的授權，兩岸主管官員可以民間身分參加，會議結論可由兩會商談及簽署協議。

5. 台商在大陸投資和大陸經貿界人士訪台問題

首先拒絕我方所提「台商投資權益保障備忘錄」的簽署，但對若干問題願進一步交換意見。惟先決條件是，我方放棄台商對大陸投資的限制，放寬對進口大陸商品的限制，向大陸開放勞務市場以及開放大陸企業界人士赴台訪問。

6. 兩岸勞務合作問題

盼我開放大陸勞務人員來台，並簽署勞務合約，大陸允諾提供專技人員及遠洋船員。

7. 台灣參與開發浦東、三峽、圖們江問題

對此大陸方面表示歡迎。

8. 合作開發能源、資源問題

歡迎台灣方面參與、投資與合作開發，可經協商長期提供台灣，如

煤、炭、黑色金屬、有色金屬等。

第三部份：關於兩岸科技、文化交流問題

1. 兩岸產業科技合作與交流

（1）加速人才與信息交流

（2）統一科技名詞

（3）加強科學園區交流，促進高科技產業合作，如光電、電腦、機械、通訊、生醫等

2. 兩岸智慧產權保護

可即進行商談

3. 兩岸青少年交流

加強兩岸青少年間的交流

4. 兩岸新聞界交流

提出若干具體意見

第四部份：關於海協海基兩會會務問題

1. 對加強兩會聯繫與合作的主張

相互尊重、平等協商、實事求是、合情合理

2. 建立兩會聯繫與會談制度

大致同意雙方預備會議之結論，但對會談地點，仍盼在海峽兩岸輪流舉行，如必要始可考慮第三地

3. 兩會各自組成專業小組

同意各組經濟、科技、旅遊及突發事件處理小組

4. 相互提供兩會人員工作往來方便問題

相關細節大致與原擬相同

5. 繼續推動海峽兩岸事務性商談

「違反有關規定進入對方地區之人員的遣返及相關問題」

「有關共同打擊海上走私、搶劫等犯罪活動問題」

「同意今年內安排正式商談，協商兩岸海上漁事糾紛之處理」

6. 兩岸司法方面的聯繫與協作問題

今年事務性商談議題中可以列入「兩會代為有關法院之間的聯繫與協助」

接下來，由我方首席代表辜振甫先生致詞。辜先生以他一貫的平靜語調，慢條斯理地宣讀我們為他準備的講稿，全文共有一、前言；二、建立兩會聯繫與協商制度；三、社會交流方面，又分（一）非法入境人員之遣送；（二）共同打擊海上犯罪活動以及（三）海上漁事糾紛之處理三項；四、經濟交流方面；五、文教科技交流方面；六、結語。辜先生發言時並無向大陸領導人問候之語辭，而是實事求是地針對預備會議所達成的共識，進行逐條說明。首先說明舉行此次會談之背景，繼盼在兩會聯繫與協商制度方面，能在此次會談中建立高層會談、事務協商及緊急聯繫等各種不同層次與功能的聯繫制度。至於非法入境人員之遣返，我方提出可考慮空運或由我方派船送

人等方式，盼海協會認真考慮。海上犯罪與漁事糾紛，亦屬危害台灣地區安寧之事，不能不設法予以處理及解決，尤其最近漁船在海上遭受打劫者，已不下三十多起。至於漁事糾紛，大陸漁民在糾紛中為求償心切，在責任未明之前，常有扣人或自行取償之行為，致演成刑事案件。「閩獅漁2294、2295」「閩連漁0945、0946」均屬其例。經濟方面辜先生提出更為具體的主張，由於在目前情勢下，兩岸還不能進入「直接」、「雙向」投資階段，但仍盼大陸方面善盡保障台商的責任，諸如優惠待遇、徵收之限制及補償、戰爭騷擾之損害賠償、經營利潤及撤資等之匯出、不當費用攤派之禁止、人身及財產安全、相關法規之透明化、融資及幣券使用之困難、爭端之公正解決及成立聯誼組織等之問題，盼能達成協議並落實保障。海基會亦同意促成兩岸工商界人士之互訪及與海協會「共同研究」籌辦民間性質經濟交流會議之「可能性」。海基會亦願與海協會討論能源、資源交流問題。最後盼在青少年交流、新聞界交流、科技交流上，雙方切實探討云云。

　　辜先生四平八穩的敘述，其實也是緊抓著北京預備會議的共識發言，亦針對海協會提出的兩岸工商人士互訪及召開經濟會議作出回應。唯一缺少的是未曾向江澤民及李鵬問候及對汪道涵會長所提的「三通」問題作出回應。張力與震撼力當然不夠。說實話，我自北京預備會議以後，即積極籌備正式會談，以及大部分時間與精力，又在應付陸委會、民進黨、工商界及媒體界，以致在發言內容與排比上未

嘗著力，如今兩相比較，氣勢較弱。加上海協會又搞小動作。本來我們雙方約定，俟第一次會後各自舉行記者招待會，發佈汪、辜兩位先生的談話內容，不意海協會一俟汪老發言完畢，即在會外散發他的講稿，台灣記者又是推波助瀾，紛紛報回國內，謂大陸已在作政治性的問候與提出政治性的「三通」問題，而海基會居然毫無回應與反擊，將謂盡失機先。加上唐樹備在會後又大談此次來星，特為祖國統一大業作出貢獻云云，一霎時，濃雲密佈，記者指責矛頭紛紛指向海基會及我本人。我以「三通」問題，我方既視為係政治性質之問題，我奉命不能接談或回應。而且依外交慣例，對方所提之問題，我方不予回應，即等於拒絕。辜先生亦據此以答覆記者提問，但是挨打的局面，已然形成，百口莫辯。中午，經不起記者們再三撻伐，聽說陸委會召開緊急會議後，決定授權我在會場外作出反駁與抗議，於是我匆匆舉行記者招待會，說明「三通」問題是敏感性的政治問題，在北京預備會議協商時，即被排斥在八項共識之外，今對方此舉，實屬違背共識與誠信，且超出議題範圍，極為不智與不當云。陸委會更在當晚發表聲明，提出汪所謂「三通」問題為「經濟性議題」，顯然有違事實。因「三通」涉及兩岸直航，此中有航權談判及海空運協定的簽訂與執行，勢難排除兩岸官方對等地位的承認，此種政治性問題絕非一夕可以解決。只要中共能消除對我之敵意，放棄使用武力，不否認我為政治實體，在國際間互相尊重，互不排斥，雙方即可展開空運及海運協

定的談判，以達成直航的目標。此外又對汪所提出的各項問題，一一加以反駁，認為責任均不在台灣方面，此外還批評大陸現階段想推動之「市場經濟」不倫不類云云，用字遣詞，一頓痛罵，淋漓盡致，使得在前線談判的我，不禁頻冒冷汗，看樣子，如果處理不善，我可能粉身碎骨，難見江東父老！

下午三時，我與唐樹備再度舉行談判，而辜汪兩對夫婦，則經新加坡政府安排在松林俱樂部共飲下午茶，據辜先生事後說，汪在茶敘中又提出希望將「三通」列入此次會談題目中，辜以未獲授權，不便

在會談中，辜老與我交頭接耳，細商如何回應

討論，擋了回去。另一方面，我則與唐樹備兩度會商，除了「兩岸公證書使用查證協議」與「兩岸間接掛號函件查詢補償事宜協議」，已在北京草簽再加重新確認外，已無問題。至於「兩岸聯繫與會談制度協議」則在前兩天的預備性會議中，雙方均有所讓步，亦無異議。問題最大者厥為台商權益保障，兩岸經濟交流會議與會談後應發表之共同文件的名稱。台商投資保障方面，海基會原提八項，後經折衝，減為六項，即：租稅法定原則、徵收的限制與補償、經貿糾紛的公平解決、利潤與資金的匯出、相關法規透明化、台商自由成立協會等，希望列入共同文件。唐對台商保障問題，基本上採取不合作態度，後經再三談判，上述六項大致可以同意，但需以我方同意於年底前召開經濟會議，大陸官員以民間名義參加會議，開放大陸產品銷往台灣與鼓勵赴陸投資以及台辦官員訪台等作為交換。我方則以年底適逢我有縣市長選舉，政治敏感度過高，而且大陸官員雖以民間身分參與經濟會議，然此與事實上之官方接觸無異，非現階段我方能夠接受，故予堅拒，共同文件名稱方面，海協會主張用「新聞稿」或「會議紀要」以示會議之非正式性、非官方性，我方因過去國共重慶會談曾採用「會議紀要」名稱，而竭力排斥之。我方又提出用「協議書」，海協會則不知何故，反提出在國際上較為正式通用的「議定書」（protocol）一詞，我自然予以同意，故初步決定用「議定書」字樣。此時已近下午五時半，我因見雙方距離無法拉近，主張休會，晚間視情形再作計

議。

是晚，由海協會汪道涵會長在烏節路之董宮酒店設宴宴請海基會談判代表。我未放棄此一機會，又命副秘書長石齊平，率領經貿處長張宗麟、法律處長許惠祐與海協會副秘書長孫亞夫、諮詢部副主任周寧、專員馬曉光等六人，邊喝茅台，邊討論相關癥結問題的解決方式與文字落實，宴會雖按時結束，但他們六人的討論，至凌晨始告結束，可謂艱辛。

四月二十八日上午，我與唐樹備繼續協商，我因得陸委會命令，乃於開始時，即就汪先生昨日提出「三通」問題，表達抗議，唐樹備輕描淡寫地回說：「可以充分了解」，此事就此打住。繼就雙方未達成協議的台商保障與經濟交流會議，進行拉鋸戰，迄十一時，雙方仍各不讓步，我於是攤牌，主張要麼不簽署共同文件，要麼在共同文件中根本不提台商投資保障與經濟交流會議，等於未談，讓雙方如何回去交代。

唐聞言愣住，隨即提議休會，我亦就此打住，於是下午原訂的簽約儀式，亦不得不順延一天。另一方面，我亦等待陸委會的進一步指示，以決定未來談判之進行方向。結果黃昆輝親來電話，囑我喊停，不必糾纏，因為已經達成三個協議，而有關青少年交流、文教科技交流與新聞交流等已有共識，估計收穫已豐，因而喊「卡」。如何收拾殘局，非要好好思考不可。

下午三時，預定是最後一場會議，將由辜汪做最後總結，我建議由辜、汪、邱、唐四人於下午正式會議前，進行密商及溝通，試作最後的讓步與協議。此議獲得同意。故於下午三時抵達會場時，我們四人關室密談，辜仍盼汪能同意將保障台商權益納入共同文件之中，汪正待開口，唐卻走上來說：那你們也要讓大陸經貿人士訪台與鼓勵台商赴陸投資寫入文件。汪無奈說：既如此，仍然交給邱、唐兩人續談好了。

　　密談三十分鐘後回到會場，由辜首先發言，除稱讚海協會同仁連日來的努力外，並說明早上的磋商仍有部份不同意見，中、下午雖曾再度努力，似乎仍有許多問題亟待解決，因而，建議下午的簽約儀式延至明日上午十時舉行。汪繼致詞謂：大家均已盡力，但許多問題似仍未達成協議，然會議氣氛融洽，亦有許多共識，至於其他問題，還可以留待第二次或第三次再談云。隨後，辜汪離席，由我與唐樹備等繼續討論。除了確定共同文件名稱，為「辜汪會談共同協議」以及協議內容與簽約相關細節外，原來未曾獲得協議的台商保障與經濟交流會議議題仍舊膠著，對方最後勉強同意以較抽象的方式加以描述，具體文字，晚上再談。

　　晚上由辜先生代表海基會在香格里拉酒店的香宮餐廳宴請海協會一行，但雙方的工作人員，仍為共同協議的文字與簽約約本加以修訂，一直到晚上11時半，始告結束，至此，雙方人馬可謂精疲力竭矣。

二十九日上午十時四十分，雙方代表團匯集於新加坡的東方酒店，簽署協議。協議共有四種，即「兩岸公證書使用查證協議」「兩岸掛號函件查詢、補償協議」「兩會聯繫與會談制度協議」「辜汪會談共同協議」。每種協議，一式四份，兩份簡體字，兩份正體字。

　　簡體字者名字排列汪前辜後，由汪先簽字，正體字者乃辜前汪後，由辜先簽，四種協議，前兩種由汪先簽，簽畢，汪與辜交換座位，再簽後兩種協議，以示對等，等到兩人交換座位時，鎂光燈閃個不停，記者們相顧而哄堂大笑，此為國際簽字儀式所無，乃我人之偉大發明也。

辜汪二老正式簽署雙方所達成的四項協議

由於協議均需書寫年、月、日，而我方不承認大陸之紀元，大陸不承認我方之中華民國，幾經折衝，最後決定協議僅有月、日，紀元部份由各自回去後填寫，此亦為國際慣例所無，但若不如此彈性，談判難期成功，凡此細節，亦可見我人從事兩岸談判者，一不小心，而致遭人唾罵，我以後公開說「心力交瘁，精神虛耗」者，實非過當之辭。

　　簽字儀式後，雙方交換文本，交換簽字筆，旋進香檳，喧騰一時的兩岸四十年來最高層次的會議於焉落幕。我心中的大石頭，至此才算放下！

攝於駐星代表辦公室

18 出使新加坡的片段回憶

（一）出使經過

1993年4月29日辜汪會談結束，會議的成就雖獲得雙方政府與領導人的高度肯定與國際媒體的交相好評，但仍然無法避免我請辭下台的悲劇。

4月30日回台灣以後，是一連串的報告、拜會、接受質詢，弄得好不疲憊。由於兩次談判時所受到的不公平待遇，我亦難免發發牢騷，結果引起了所謂「海陸大戰」。黃昆輝對我已難以忍受，而我則對於黃昆輝的大陸政策，起了強大的懷疑。我終於體認到我走這一趟海基會秘書長之路，其實是多餘的，雖然自認差事辦得不錯，但面對國內的政局，

應付起來實在是心餘力拙，我乃隱有辭意。我公開地回答記者的詢問，質疑黃的路線、黃的作為、黃的風格，結論是，如果黃不下台，只有我走路一途。結果引起黃的大怒，深更半夜，由陸委會發言人發表聲明，指責我對海基會秘書長的職務認知錯誤並百般數落我的不是。我此時觀察李總統的態度，但李命令行政院長連戰出面調停，連找我談話，似乎未涉及根本重心，輕描淡寫，安慰數句，表達勸和之意。至此我真的是心灰意冷，乃向辜董事長提出辭呈，辜老眼看留我不住，只得照准，但仍需提出於下次董事會議討論。我求仁得仁，終於在1993年12月2日辭去海基會秘書長一職，心情輕鬆許多。海基會隨後舉行歡送茶會，我致詞時表示，來海基會服務是我一生所服公職中為時最短的一個職務，前後僅九個多月，好像一道彩虹，雖然亮麗，但卻轉瞬即逝，企盼同仁們在辜董事長以及新任秘書長焦仁和帶領之下，繼續為增進兩岸關係而貢獻心力。我把上任時所帶來的柏林圍牆一塊石頭送給了我的秘書呂國霞，睹物思景，不禁黯然神傷！

在請辭風波鬧得滿城風雨的時候，李登輝總統在1993年10月15日上午九時接見本人，垂詢我對辭職一事，是否無力挽回（按我自辜汪會談回來後，李總統曾經單獨約我打高爾夫球一次，以示慰勉與獎勵之意，我心存感激），我以事已至此，與黃確難共事，李既無換黃之意，我只有摸摸鼻子走路。乃告以，上次交付把辜汪會談開好之階段性任務，已經達成，我無意再在此職務上逗留，因為意義不大，他問

我今後計畫，我回以已在向民間企業探詢之中，擬自公職中退休，他覺得如此仍頗可惜，盼我重回外交界為政府服務，我婉謝他的好意後辭出。在這段期間，真的有若干民間企業以高待遇盼我為他們出力，我正在審慎評估之中。但在我正式辭職後不久，外交部長錢復到處找我。我見了他。他說李總統已交代他要我出任哥斯達黎加的大使，因為駐哥大使邵學錕先生任職多年，有意回國，依外交部的慣例，駐哥大使的任命，一定是先有外交部部次長的經歷，是外交部公認的資深

抵新加坡履新，僑團領袖接機

重要的外交任命。他要我趕快去見李總統答覆此事。我回家與內子商量。內子認為我已離開外交界多年，似不必再回，而且遠赴中美洲，以往既無淵源，而西班牙文又得重新學起。若李總統真的仍盼我回外交界，那麼不如去新加坡好了。我想想也對，用這種方式討價還價，或者真的可以達成我赴民間就業的心願。於是我請見李總統，敘述不宜赴哥斯達黎加的理由，並提出我的腹案。不料他倒是非常爽快地說：那就去新加坡好了。辭出後又去錢部長處，告以總統的指示。錢復面有難色，因為駐新代表陳毓駒出使未久，突然調動，似不太好。我告以陳毓駒當年接我的新聞文化司長，他曾向我提起，作一輩子外交官始終未曾涉足歐洲，看看可不可以去歐洲找一個國家。後來陳毓駒果然調往丹麥服務，一了他的心願，而且作了蠻久的代表，為他的外交生涯劃下美好的句點。真要謝謝錢部長的悉心安排，使得我可以心無愧疚地上任。

1994年2月18日，總統發佈命令，任我為駐新加坡特派代表。我駐外代表分為特派與簡派（大使亦同），特派屬於政務官性質，將來退休亦以政務官身份與待遇辦理。簡派或簡任則屬文官層次。上次我出任駐史瓦濟蘭大使，屬於簡任，後來出任總統府副秘書長，屬部長級且出任過總統府國策顧問，故此，以特任官敘級，為特派代表。

命令發佈以後，接著赴各部會拜會，選購各項禮品，作就任前的功課，又在政大國關中心找一辦公處所，便於與各界聯繫並蒐集有關東

拜訪新加坡總統王鼎昌先生

協及新加坡的資料，當然餞行、應酬的頻繁更不在話下。這樣子，折騰了兩個多月，準備赴任了。猶念上年四月底，我還在新加坡參與辜汪會談。四月二十九日是4項協議簽字的日子。為了紀念此日，我就訂在1994年4月29日上任好了──夠阿Q了吧！

（二）與王鼎昌總統的交往

4月29日下午抵新加坡樟宜機場，蒙僑社領袖們熱忱歡迎，當即驅車赴官邸休息。我上任的第一件事，雖然不能像有邦交的國家，先赴駐在國外交部遞送國書副本，接著要正式向駐在地元首呈遞國書，以後才算正式到任，方可開始一連串的向駐在國政府部長與外交團的拜會。新加坡與我國無邦交，因此我亦無國書可遞。但禮貌性的拜會，仍然難免。我在上任前即已透過代表處提出要晉見新加坡共和國總統王鼎昌的要求。王在任第二副總理時曾數度隨李總理光耀或單獨率團訪問台北多次，在很多場合裡，都曾碰面接談，特別是1988年3月李總

統率團訪問新加坡的時候，他是李總統的escorting minister（姑譯為陪同部長），因此與我們訪問團的各位部長都很熟，而我又是總統訪星之行的總提調，故也算得上是王副總理的舊識了。時來運轉，當時的王副總理到我上任時，已貴為國家元首了。王總統接到我的請求，就安排在五月二日上午九時在總統府接見。這雖然是他作為總統身份應行職務的一部份，但安排在此時接見，卻是溫馨無比，給我很大很大的面子了。何以故？因為4月30日是星期六，新加坡當時週六雖非假日，但習慣上不排正式約會。5月1日星期日為勞動節，5月2日週一上班，他在假日後上班的第一天的第一件事公務，就是在九點鐘接見中華民國的代表，這不僅象徵他與我的友誼，亦在表示他對我國的熱情與友好，因為我無國書可遞，他以這樣子的方式，來表示對我出任駐新代表的歡迎之忱。一般人不會覺得，這種細微末節的安排有什麼了不起，但在我細心的體味之下，我真的從心底就感激他。這就是王鼎昌，一個有著濃厚中華文化傳統影響下的溫文君子！

　　那次接見，他自然問起了李總統，問起了連戰院長、錢復部長等他的好友，他又十分關切台灣近年來的經濟發展、兩岸關係等，我當然盡我所知，一一作答。我曾經擔任過外交部的禮賓司長，亦擔任過總統府的副秘書長，不知道經歷了多少次陪同外國大使曾呈遞國書後與元首間的談話，相形之下，我覺得這次接見，如同老友相見，熱絡、溫馨，兼而有之。談話後陪同我的一等秘書戚嘉林，居然以自備相機

拍攝兩人鏡頭，這是非常不恰當的外交行為，我未能及時制止，但王總統卻不為意，如今這張相片，我仍珍視如昔，但王已歸道山，睹影思人常有愴然淚下之感。

他後來與台灣旅星人士王正彥兄結為親家之好；我們的關係又近了一步。他不但在官邸中邀我們夫婦作客，又在Istana內的九洞高爾夫球

與新加坡總統王鼎昌（左二）球敘，張裕（左一）王正彥（右一）

場邀我與正彥兄共同揮桿，當時代表處在萊佛士高球場有球証，我亦曾邀其打球，我們之間球敘多次，但最感人的一次是他邀我與馬來西亞高級專員（等於大使）球敘的時候，前九洞（first nine）居然與我配

對（team-up），後九洞才輪到馬國高專，這種舉動，看在我的眼裡，就知道他對中華民國台灣有多深的感情了。

1995年耶誕節，他的二公子子文與正彥兄的二千金宜怡小姐在香格里拉酒店舉行婚禮，我以雙方家長共同推定的證婚人身份，為唯一致詞的貴賓，由於第一家庭的喜事，因此在李資政光耀以下的文武百官，俱來慶賀，因此，李資政亦在台下靜靜聆聽我的中英文致詞，這是任何駐新加坡大使無法得到的殊榮，我居然因為正彥兄嫁女兒的緣故，而恭逢其盛，真是光榮之至！這也是我外交生涯中最值得紀念的一頁！

（三）李光耀資政與我

李光耀總理或資政，因為對我國友好，以前在經國先生時代，幾乎每年訪台一、二次，他倆的關係，真是如兄如弟。李登輝先生繼任總統，他仍然多次訪台，我因曾任外交部禮賓司長以及總統府副秘書長的關係，多次陪同、接待，尤其在籌備辜汪新加坡會談之際，曾兩任密使，來星面洽相關事宜，都蒙其接見指導與配合。出使新加坡以後，我先後禮貌拜會各部會首長。李資政是我最後要拜會的星國政要。不意他透過他的機要秘書告訴我，資政與我非常熟悉，禮貌拜會可免，資政訂於某日中午在Istana約我單獨午餐，我接電後十分震驚，因為知道李資政約外交團使節單獨吃飯的例子，未曾聽聞，我有此殊榮，亦足以證明星國與我國關係的友好了。

遵約前往總理府午餐，那天除了李我兩人以外尚有星外交部的林明河兄擔任記錄，（此可證明，宴會雖有私誼性質，但仍屬對外關係的一部份，外交部一定得與聞，故由外交部官員記錄，此種作法，光明磊落，值得效法）。李資政談興甚濃，對國際問題看法深入透徹，實在是一個具有大智大慧的政治家，對我助益良多。我觀察他的飲食習慣，小小的一塊牛排大概只有四兩不到，小飲紅酒與啤酒，但在主食後，突然由侍者送上一副塑膠手套與一大盤各種各樣的新鮮水果，只見他戴上手套一一品嚐盤中水果，至少吃掉其中的三分之二。足見其人律己甚嚴，非常注意飲食與養生。其後同樣的午餐又舉行過一次，我總是受益非淺。星國朝中，知道李資政約我單獨午餐，自此對我亦作另眼相看了。

　　此外，李資政於每訪大陸之後，即約見我單獨晤談，然後條理清晰地說明他與大陸領導人一一會面的經過，由於他懂華語，因此對於他們之間的不同反應，舉手投足之間，有許多異於常人的領悟，均會告我，由我將其談話內容呈報台北層峰，這是極為珍貴的最高層次的第一手資料，對於我們制定兩岸政策有極高的參考價值，我始終視李資政為師，他大概不知道有我這樣一個私淑弟子。這種會晤持續多次，直到我離任為止。我自1994年4月29日到任，以迄1996年9月28日離任，這兩年半時間，正是兩岸關係由熱絡轉趨緊張的時期，包括飛彈危機在內，他的談話，其重要性可想而知。

另外一件事，值得提一下，即是中國國際商業銀行（ICBC後來併入兆豐銀行）赴星設分行的事。ICBC多次向星方提出設立分行的要求，但因名稱問題，十分敏感，星外交部與財政部互相推諉，始終沒有結果。我上任後不久，ICBC的總經理來代表處看我，談及此事，盼我協助。我問清楚原委，覺得此事星方過於敏感，其實名稱問題與「一個中國」政策無關；外交、財政兩部過慮了，但似乎無人敢於拿捏。因此，在一次與李資政會晤時，等到大問題談完快要結束之際，我就提出ICBC在星設立分行事，他聽後至為不樂，以輕慢口吻指責我，類此問題找財政部長胡賜道即可，為何煩他。我以調侃口吻答覆說，明明是一個很簡單的問題，可是財政外交兩部均以事涉「一個中國」問題，茲事體大，不敢擅斷，故不得已只有請資政作主了。他聽了以後，始知原委，乃即囑其機要秘書注意此事。大約一星期後，ICBC設立分行的事，就獲得批准了。隨後分行成立，我參與其開行酒會。我又藉機邀請台灣在此設立分行的各行總經理每月聚會一次，加強溝通，並作為他們與星官方之間的橋樑。對於台灣各公營事業駐星的主管，亦復如此。因此，終我任內，大家合作得都非常愉快。

（四）邀請諾貝爾獎得主李遠哲訪星

我在駐星代表任內，對台北工商協會以及台灣在星組織的各種團體，都是支持不遺餘力。我鑑於台北工商協會平常多舉辦娛樂、聯誼及旅遊活動，而缺少一些知識性的活動，因此建議協會會長鍾仕達兄

不妨考慮舉辦。仕達兄即提出構想，不妨舉辦論壇性質的討論會，就台灣旅星人士對國內相關問題所關注的題目，邀請著名人士來星演講，為了打響第一砲，建議邀請諾貝爾獎化學獎得主李遠哲博士前來，問我有無可能，我謂可以一試。不久，我因事回國述職，乃將情告知李遠哲兄，請其應允。蒙其一口承諾，我隨後又邀請清華大學校長沈君山博士以及東吳大學經濟系教授石齊平（亦係仕達兄指定者）共三人，來星舉行論壇。那次在Orchid Hotel 舉行的論壇，到的人蠻多，記得李遠哲博士談的是我國教改問題，沈、石兩位則就兩岸政策與兩岸關係發展發表精闢演說，獲得熱烈響應。星國與會聽眾，於發問時表示讚許，並請以後繼續舉辦。我還即席開玩笑說，下次邀請龍應台女士如何？因為我知道新加坡人士對龍應台的「野火」有種怕怕的感覺，不意第二天的聯合早報除了報導當日三位人士的發言內容外，還好好地討論一下，龍應台女士訪星的各個面向。這次論壇，其實是一個很好的示範，對協會、對我旅星人士以及對星國的知識界，都起了很好的作用。我隨後又邀請陸委會主委蘇起於訪南非返國途中，特別繞道來到星國，對協會同仁發表演講，沒想到，聯合早報報業集團像挖到寶似的，邀請蘇起在報社內部，關起門來，對其高層人士發表演講並交換意見。蘇起與新加坡的Bilhari大使是紐約哥倫比亞大學的同學。B氏時任新外交部副常任秘書，後任駐聯合國大使，我請蘇與B氏詳談我的國際處境以及我國參與UN各專門機構所作的努

力，無形之間，亦有助於我的工作，真是一石數鳥。另一次，我又應仕達兄的要求，指定要邀請台北亞都飯店總裁嚴長壽來星演講。嚴氏是台灣旅遊界的泰斗，對於觀光旅遊業，知識廣闊，看法獨到，而且著作豐富，對星台之間的旅遊事業又多關注，我不辱使命，又邀到嚴氏來星演講，協會同仁聽後大呼過癮，嚴氏又將其新作「總裁情、獅子心」親自簽名分送與會人士，效果極佳。在此我要特別感謝鍾仕達兄，沒有他的堅強支持與前瞻性的想法，這些論壇或演講活動，大概都無法舉行。從另一方面看，凡事能有靈活性的思考，許多事可以使其不可能變成可能。

（五）與吳作棟總理的交往

吳作棟總理與我國的交情極好，與我們的總統及各相關部長間的往來亦很密切。大概在1992年他曾率領內政部長黃根成等一行來台灣訪

與新加坡總理吳作棟晤談

問，李總統登輝先生還特地安排他們一團赴楊梅的揚昇球場球敍，那場球敍，錢復部長與我（那時仍任總統府副秘書長）都曾參加，晚宴設在球場會館包廂，我與黃根成部長，兩人大唱Karaoke助興，還合唱閩南語的「愛拼才會贏」一曲。黃根成歌喉極佳，又愛唱歌，是星代表團有名的代打歌手。他常自嘲他的英文名字是Wong Kan Seng，念起來就變成Wong Can Sing了。

我與吳作棟雖是舊識，但抵星履任之後，仍不免禮貌拜會，由於新加坡是典型內閣制的國家，涉外事務，多半由外交部處理，而不致到總理的層級，大概在星的大使，很少與總理單獨碰面，我國與星國關係不同，我倒是有很多次晉見的機會。使我印象深刻的大概有兩次，可資記述。有一次我國的YPO組織，即所謂的young president organization，就是所謂年青總裁協會，他們都是第二代台灣企業家的接班人。那次他們組織了新加坡考察團，來星訪問，由團長中信辜家的辜仲諒率領，團員包括其弟辜仲瑩，晶華的潘思亮、焦家的焦佑倫，總共將近二十位的年青小伙子。他們指定要見吳作棟總理，吳總理為了獎掖晚輩，居然在總理府集體會見，以會議桌方式，面對面座談。初生之犢不怕虎，年青人膽子壯，也不知道什麼是外交禮儀，居然第一個提出來的問題是：您自接任總理以來，您覺得與李光耀先生如何相比？吳總理不慍不火地回答說：李資政所留下的鞋子過大，我自然無法與之相比，但我以前人為師，隨時隨地學習，隨時隨地加以

警惕，在內閣同仁的支持下，勉堪稱職。這一答覆又謙虛又自持，真所謂不卑不亢了。這一答覆使得年青企業家們個個心服口服，由此亦可見，在經過三、四年的磨練之後，吳總理終於成了氣候，而非昔日之吳下阿蒙。

另外一次，我陪同我國工商理事會的許勝發理事長前往晉見。對於中星兩國如何進行工業方面的合作，我曾經為許理事長做了功課。那時，台灣廠商赴大陸投資日眾，辜汪會談時，曾有意與大陸洽談台商投資保障協定，後來因種種原因而無結果。恰巧，此時新加坡與大陸已簽訂開發蘇州工業園區協定，進行開發工作。新加坡政府做事認真，開發園區之七平工作，做得非常之好，但因成本過高乏人問津，而大陸蘇州市政府又在其對面，自行開發工業園區，形成打擂台的局面，而且價格較新加坡的工業園區便宜一倍以上，以致使得新加坡招商不足（那是1994年），苦不堪言，進退兩難。於是我勸說許理事長，這也許是台灣最好的機會，我們希望參股，加入新加坡蘇州工業園區的股東會，我們可以大雞帶小雞的方式，以上、中游的衛星工廠作集體的遷入，尤其是IT產業，甚至是傳統產業也可效法，那麼，園區的招商工作，可以迅速展開，由於新加坡與大陸簽有投資保障協定，因此，我們的廠商也可以在園區享有與星國同等待遇的保障，真是一石兩鳥，兩蒙其利。許見吳時，就以非常誠懇的語氣提出，初步擬以三千萬美金參股，我為之幫腔。吳於沈思後表示，因為園區的股

東共有三十三個，除了星方外，尚有日資股東，此事必須徵得其他股東同意始可，允於接洽後答復，許亦允於回台後，即行集資。此事後來，吳答覆我方，因其他股東仍有疑慮——可能認為我入股較為敏感，亦未可知——故而此議遂寢，頗為可惜。

還有一件非常可惜的事。在當時（1994年）是一個絕對的機密，而今李前總統在其著作中已加透露。那就是1994年5月，李前總統率團作「跨州之旅」，前往尼加拉瓜、哥斯達黎加、南非、史瓦濟蘭訪問後，於返國途中，特別在新加坡過境。那是清晨五時左右，吳總理輕車簡從，僅帶著當時事實上主管台灣事務並與我方聯繫的文化藝術新聞部政務部長柯新治博士前往機場迎接，並闢密室談。當時為了三通直航問題，兩岸仍無交集，李總統乃提議由大陸、台灣與新加坡三方合組公司，從事兩岸的空運業務，大陸與台灣各出資45％，新加坡出資10％，由新加坡負責管理經營。李盼吳向大陸方面提出。後來，此事亦未成功，據知，吳於同年夏天訪陸時，即向中方提出，為中方拒絕，因中方堅定認為，兩岸空運屬兩岸事務，不宜由第三國介入，否則即成國際公司與國際航線了。於今觀之，大陸之思惟，實屬僵硬，如將新加坡視之為大中華區中之一份子，則有何不可，如在1994年即已三通，那麼1995年以後的飛彈危機與文攻武嚇或可避免。這也就是為什麼李總統總認為，我方向大陸多次釋出善意而所得的回報，竟是如此，不得不又回復退速老路。於是1996年戒急用忍政策就付諸實

拜會星新任副總理兼國防部長陳慶炎博士

現，兩岸關係除經貿外，已入冰凍時期矣！

（六）與其他星國政要的交往

　　大使館或代表處一般性的工作，大致可分類為政務、商務、軍務、僑務、新聞文化、觀光、領務等項。商務由經濟部同仁負責，軍務由協調組同仁負責，新聞文化由新聞局同仁負責，觀光則由觀光局同仁負責。新加坡比較其他地方特別的沒有僑務。因為新加坡以華人立國，對於華僑一詞，比較敏感，故代表處後來鼓勵台灣旅星人士組織「新加坡台北工商聯誼會」，以資聯絡，其輔導及聯繫工作，乃交由領務組負責。領務組同仁除當地雇員外，均係由外交部派駐。

我作為館長，統率全館，其實我向不過問各組業務，充分授權。我只管政務，政務中較吃重者，即與新加坡政府各方之交涉與談判，以及與星國政要間之往來與酬酢。由於相熟程度與業務性質，往來較多者如外交、內政（掌管警政、國內安全）、經濟、國防、交通、文化藝術新聞各部部長及政務部長或常任秘書，那時的外長是印度裔的加亞姑瑪教授（Prof Jayakuma），他的夫人是個醫生，精通華語，加亞姑瑪部長，亦屬溫文儒雅之士，談話從來都是不慍不火，他從不應酬，幾次相約，均被婉拒，無奈，祇好請他打高爾夫球，球敘之後，再請用餐，他就欣然接受了。這是我在新加坡的特殊外交經驗。通常我們有事，依照星外部的不成文規定，是由主管我國事務的副常任秘書（Deputy Permanent Secretary）出面接洽。那時主管我國的常任副秘書是許國豐（Joseph Kuo），他那時剛好從國家安全局長調任此職，對於一個中國問題頗有研究興趣，我找他次數最多，宴請來往亦多。後來

他轉任駐台代表，我們又時常球敘，成為好友。他在台北六年任後轉往澳洲，聞現已改調汶萊，亦屬資深外交官了。

我在星國，其實見面次數最多的還是教育部長兼國防部第一政務部長的張志賢將軍，那時他自海軍總司令退役轉任，他個子高䠷，步履很大，由於我方將領訪星絡繹不絕，國防部即由他出面作主人接待，歡迎歡送，餐宴不斷，而我又作為必陪的陪客，我在新加坡兩年半，到國防部吃飯的次數，幾乎難以計數。

內政部長黃根成，已成為老友，好在我駐節在新加坡時，兩國間

在星國碼頭主持民國83年敦睦艦隊之升旗典禮

的安全維繫，警政互助案件並不多，但他因身兼人民行動黨秘書長的關係，在其他方面有許多來往，有時球敘，有時餐敘，我對於星國政治有不懂的地方，也常常請教，至今我已離星十四年，每年仍有年卡互換，真是彌久常新了。經濟部長、交通部長與文化藝術新聞三部部長，都有業務上的往來，故也是我接洽交涉的對象。國防部長先是李文獻，後是陳慶炎。由於我與星國軍方有軍事合作計畫，故與國防部長往來極為密切，最有意思的是李文獻部長在調離前一週，即密告我他將去職，遺缺由副總理陳慶炎接任，他說因與我軍方有如此密切之關係，故將離職一事，先行告知，俾我方有心裡準備云云。我表示感謝並設宴歡送，兩人往來，亦算密切。

（七）逍遙球場、快意人生

喜歡打高爾夫球的外交官，我建議最佳選擇的外派地區，首選亞洲。無論是東北亞的日本、韓國，或是東南亞的菲、泰、星、馬、印尼都是打球非常方便而又是可與當地政要結交的好地方。尤其是新加

坡。如果以標準球場十八洞為計算單位，那麼，據我粗略計算，應該有二十二座高爾夫球場。台灣大概有八十多座，以人口與土地面積相比，新加坡球場的密度，鐵定要比台灣高出好幾倍。

新加坡的高爾夫球場，多半蓋在水源地區，他們管理與經營良好，絕無污染或崩塌的情事發生。而且若干球場如Island Club、Tanah Merah 等均是國際性比賽選用的場地。我國歷年先後派駐新加坡的同仁，幾乎人手一桿，幾年下來，球技大進，這其中以歐陽瑞雄兄可為代表，他先後兩度派駐新加坡，後來成為外交部中球技最佳的同仁之一。據說他駐節新加坡期間，日常的零用錢，都是朋友在球場上比桿時輸掉的貢獻。可惜他英年早逝，無法再看到他在球場上揮桿的英姿。

我在四十八歲時才開始學打高爾夫球。那時，因為出任外交部禮賓司司長，據長官告知，使節團與外交部經常舉行高爾夫球聯誼，作為禮賓司長，總要能在球場上比劃比劃。無奈到台北南機場青年公園練習場請教練教導。但年紀大了，加上天生無運動細胞，揮桿姿勢始終未能正確，經常是使勁揮桿，砍到地上，使手臂與手腕疼痛不已，故而同儕戲稱我為「斧頭手」，專門砍地，而非擊球。開始時，我用五號鐵桿，一桿到底，故又號「邱鐵桿」。如今言來，猶覺汗顏。如此，綁鴨子上架，匆匆數年，直至出任史瓦濟蘭大使，因為球場就在官邸附近，而駐史國農耕隊中又是好手如雲，經過若干時日的切磋，

終於能打出百桿左右。我生平無大志，有此種成績，亦算勉強可以接受了。

到了新加坡以後，真是如魚得水。新國球場又多又近，球友又多，球隊亦不少，因此打球的機會，與日俱增，我通常是下班以後，即驅車球場，自己拖車，打上九洞，沐浴更衣，再赴飯局或應酬，時間上仍綽綽有餘。因為球打多了，亦使我過高的尿酸，從8.6降到5.6左右，既運動又健身，真是一舉兩得。

打高爾夫球的朋友，對於「一桿進洞」，可以說是夢寐難求，得之非易，但來時則又恰如神助。球技好的職業選手，當然「一桿進洞」的機會多些，但菜鳥球員或者是新手上場，有時一樣有「一桿進洞」的機會。話說，1995年7月16日，星期日，下午我夫婦、台商廖朝煌先生與另一位新籍友人，在Island Club的Bukit Course球敘，那天，氣候並不十分良好，前九洞打得非常不理想，後九洞時，則漸入佳境。第十四洞是短洞，距離163公尺，我用五號木桿，突然神來一揮，小白球落在果嶺邊緣後，直直地滾入洞中。我眼力不好，只知道球上果嶺，而太太大人，則視力一流，只看她跳了起來，直嚷進洞了，進洞了、「一桿進洞」了。此時石破天驚，心中好爽，飄飄然，不知今夕何夕。那天的成績是102桿。打完後，請同組球友簽名，將計分卡繳回俱樂部，因那晚另有活動，經與球場交涉後，將球場的慶祝活動改在18日舉行。因為球場有500玻幣的保險金，可以代辦酒飲料慶祝，而且

將我的「一桿進洞」記錄寫入俱樂部的名人堂內，使得我也名留新加坡。日後又接獲俱樂部致贈的瓷盤，上面記載著第幾洞、距離多遠，何日「一桿進洞」等，我至今珍藏，作為我外交生涯中最值得記憶的一件事。

我自到任日起，即調查新加坡到底有幾個球場，我立下願望，要在任內打遍所有新加坡的球場。結果到我離任時為止，即為時兩年五個月當中，除了Chang yi的九個洞球場未曾下場外，其餘球場一一打遍，連跑馬場旁的短洞球場、外交部內的練習球場以及總統府內的球場，都曾光顧，我甚至連巴丹島、閩旦島的所有球場都曾一一打過，而馬來西亞柔佛州的球場，更不在話下了。這一記錄，在新加坡的外交團中可能是絕無僅有，這也是我一生外交生涯中最佳的記憶與珍惜的事。

至於我與新國政要的球敘往來，促進兩國交誼，是我工作中的一部分，前已有若干描述，茲不贅言。

（八）老饕會、遍嚐美食

我國觀光局駐新加坡的主任楊本禮與其夫人周嘉川女士，均是我政大的學弟學妹。本禮原為資深的新聞記者，多次出入中南半島戰場採訪而又深諳如何促進公關之道。他前在澳洲服務八年半，那時，調至新加坡亦有四年餘，本禮對酒食之道，頗有專精，曾經出版過《酒經》《酒典》等書並為新加坡「聯合早報」撰寫品酒專欄——〈酒林

廣紀〉〈酒逢知己〉，對於提升新加坡大眾的品酒文化，有很大的貢獻。他與新加坡的觀光局長白相國稱兄道弟，交情良好，他又出任新加坡餐飲業的美食評審，星國的大酒店、大餐館對其亦推崇備至，他真是一個超凡的觀光外交人材，我常要求我的同仁以他為榜樣，多多學習。我到任以後，不但透過他與交通部、觀光局官員的往來，而且因為他的介紹，使我對新加坡的旅遊業以及兩國間的觀光往來，有更進一步的認識。

我過去曾擔任過外交部的禮賓司長。我常向同仁開玩笑說，禮賓司的工作，就是吃喝玩樂。因為禮賓司負責接待各國來訪最上層的貴賓，宴會酬酢是絕不可免的事情，我們要負責選定餐館、決定菜單、搭配酒類、安排場地、製造氣氛，務必使得賓主盡歡，使訪賓回味無窮。我們又要負責安排訪賓的行程，除了較嚴肅、正經、苦燥的拜會活動外，總得有一些參訪與遊覽的日程，以資調節。於是我又不得不親自陪同。我在禮賓司長兩年任內，前往金門不下十次，花蓮太魯閣更是頻繁，阿里山、日月潭更不在話下。因而我的工作確實是吃喝玩樂。到了新加坡以後，由於前一年的海陸大戰，使我精力、心血耗盡，一方面自我調適心境，一方面又希望將一切放下，過幾天自得安逸的日子，由於本禮的推薦與建議，我們決定組織一個鬆散、自由、自得其樂的「老饕會」。

會名既稱「老饕會」，自然是以享受美食作為宗旨。別小看新加

坡僅有640平方公里的國土，400萬的人口，卻是東方的印度文明、華夏文明，中東的回教文明與西方文明的交會之所，是東西方文化、宗教、語言、種族等的總彙交錯之地。作為亞洲或南洋的區域性hub以及金融、交通中心，她的日常生活卻反應了多樣性、包容性與特殊性，美食就是其中的代表之一。

　　新加坡華裔人口，約佔75%，馬來西亞裔約佔15%，印度裔約7%，其餘為歐裔或其他裔。華裔中以潮州、客家、福建、金門等為主。但就飲食分佈而言，有潮州菜、粵菜、閩菜等，以後又隨中國各地移民的湧入，而又有上海菜或川揚菜、川菜、湘菜、北京菜等，但究屬少數。由於馬裔佔人口15%，故而馬來菜亦頗流行。印度裔佔人口7%，而印度又喜歡維持他們自己的文化與傳統，故在新加坡亦有不少的印度餐館，印度菜又可分為南北兩系，口味重度不同。新加坡原為英國屬地，歐系菜自不在話下。但英國人不重視美食，故除英國下午茶與fish＆chips較有名氣外，其餘無足論者，沒聽過有什麼了不起的英國菜或英國餐館。歐系菜自以法國菜為翹楚，次有南歐的義大利菜、西班牙菜、葡萄牙菜、希臘菜、土耳其菜。後來俄國人亦在新加坡開起餐館，南美巴西則引進肉類燒烤，墨西哥人則引介他們的「辣」食。當然日本菜全世界都有，自然少不了新加坡了。

　　「老饕會」由我號召成立，成員除了本禮外，有譚攸洏兄、韓中原兄、熊光榮兄、王清鎮兄等七八位，每月由本禮推薦一家餐館前往

趁參加亞洲使節會議之便，遊印尼蘇島

聚會，有時由我們自己帶酒，有時則由店家提供好酒，我們前後品嚐了法國菜、義大利菜、俄國菜、日本菜、巴西菜、南北印度菜、馬來菜、西班牙菜、葡萄牙菜等等，好不過癮。我們之所以跳過中國菜，其原因是我們台北工商協會與公營企業以及銀行業聯誼會、寶島俱樂部等團體，幾乎每週都有聚會，而聚會又多選擇中華餐館，加上我們自己的酬酢又多半在中華餐館，故而加以迴避。總計，我們舉辦了這樣的聚餐會不下十次。後來由於我回國治病，而告終止。病癒回新加坡後，遵醫囑有許多禁忌，故而「老饕會」未能繼續活動，真是遺憾之至！

（九）樂極生悲、我中大獎

1995年9月下旬，外交部在印尼的Surabaya 舉行東南亞地區的使節會議，派主管亞太地區業務的政務次長房金炎兄前來主持。我奉命參加。乃偕內子飛雅加達後轉往。由於是初履雅加達，故我們在此稍作停留遊覽。那時仍值盛夏，衛生環境極不理想。記得參與使節會議的

代表大使有菲律賓的詹憲卿、泰國的許智偉、越南的林水吉、馬來西亞的黃新璧、汶萊的韓知義、印尼的陸寶遜與胡志明市的劉逖，會後集體遊覽當地古跡Bropudur古廟。

那廟氣勢宏偉異常，屬於世界幾大古跡之一，但古廟陰溼幽暗，通風不佳，我又好奇，不嫌其異味燻鼻，仍然探首於黑洞之內，一觀究竟；觸摸於廟牆之上，以求感應，可能在無形中感染了病毒而不自知。返回新加坡後，由於代表中如詹憲卿、林水吉以及由台北陪同房次長出席的外交部亞太司長鄭博久，都是我外交系的同學，他們先後途經新加坡返國或回任所時，我自然盛情接待，加上他們又是高爾夫球好手，到新加坡焉有不打球之理。於是我又陪同下場，連續幾天，大概體力透支，亦未可知。等他們走後，適逢週末假期，我夫婦又與楊本禮夫婦、李豐順夫婦等赴柔佛州之Tanjung putri球場球敘暨過夜，因為我們都是那個球場的會員。第二天為星期日，我下場打此行第二場球時，突然身體失去平衡，跌跌撞撞，而視線模糊，出現斜視現象，因我一生從無大病，故仍不在意。隔天回到新加坡，下午於拜訪在星公務的國大代表張一熙等人後，踏出酒店大門時，兩腿綿軟無力。如此撐到第二天，我至代表處附近一家私人診所就診。醫師命我作蹲跳姿勢數次，結果連連跌倒。醫謂可能是GBS病，著即轉入星國立醫院，入院後先由主治醫師診斷，未能確定病況，然後再由大醫師看診，確定是GBS無疑。

我根本不知道GBS到底是什麼病。醫告乃是一種病毒感染所引起的急性神經炎。GBS是Guillain-Barre Syndrome的縮寫，那是法國人G.B氏所發現的一種感染病，故以其命名。但病毒究竟如何使人感染，病毒有無名稱，如何預防等等，皆仍在探索之中。此種病毒感染之致病率為十萬分之一，治癒率可達九成，但致死率亦在一成左右。治療方法，一則將身體全部血液抽換新血，但在抽換過程中可能發生危險。二則聽任體內細胞與病毒對抗，大概一個月亦可能自然痊癒。目前能做者只有等待與觀察。內子與我聞後大驚，等待觀察，恐非良策。乃緊急與台北榮總彭芳谷院長通話，告知相關情況，彭與精神科主任等商議後，認為得GBS可能性很高，建議急速回國診治。我乃請呂國霞、容子琦秘書連夜安排機票，於翌日搭乘新航首班航機返台。醫院對於我不等診治即擬出院，頗為不滿，非要我具結後果自負，始得放行。我無奈照辦。第二天登機後並由容子琦秘書購買手攜式氧氣筒一桶，拎至機上，以備不時之需，另一方面聯絡台北榮總派救護車停在機坪接人。幸好四個多小時的飛行，未曾發生任何狀況。抵桃園機場後，由救護車直送台北榮總，那是1995年10月2日。

　　榮總為了對付此一疾病，特由神經科主任組成醫療小組。經過各式各樣的檢查，包括斷層掃描、物理針刺等，確定是病毒感染的「急性多發週邊神經炎」。據主治大夫蔡清標告：此種病例，通常感染者有倦怠感、腹瀉、流鼻水等類似感冒症狀開始發作。幾天後，逐漸產生

主持民國83年國慶酒會時接待賓客

肢體痲痺現象，此種過程與小兒痲痺發病，幾乎一樣。病人會覺得手指無力，拿不起碗筷，漸漸走路困難，最後是全身癱瘓。其主要原因是：感染病毒後，病毒即破壞神經外膜，情形就好像包住電線的絕緣被剝離，造成導電不良的狀況一樣。病人因而產生肌肉收縮無力、萎縮，然後肢體痲痺。當時榮總有七個病例，有兩個在大陸感染，回台後才開始治療，結果由於延遲就醫，有一例還靠呼吸器維持生命。談到治療方法，除前述之體內全部換血外，可用高密度球蛋白連續注射體內，使之與病毒激戰，加以殲滅。我接受他的建議，連續不斷地以500單位的球蛋白注射十劑。注射過程中不能下床並且隨時要警覺有無失去知覺的情形。榮總副院長姜必寧兄於查房時，特別提醒內子，隨時問我，頭下墊的枕頭有幾個以證明我未失去知覺。球蛋白注射，果然奏效，全身痲痺的現象，稍有改善，但顏面神經受創嚴重，兩眼無法合攏，咀嚼亦有問題，尤其無法正確發音，洋文幾乎難以開口，儘管如此，能改善痲痺現象，已屬萬幸，醫囑下床走動，結果我寸步難

行，在內子攙扶下如嬰兒般，一步一步開始學走路，慢慢有些進步。在榮總住了一個月，承院長、副院長、精神科主任、主治醫師、物理治療師等悉心醫治下，我終於出院，銷假返新加坡上班。期間，許多在星的朋友紛紛致電關懷問候，尤其陳子忠先生夫婦來院探視並為我禱告，盛情感人，不敢或忘。回星以後，又蒙李豐順兄多次相陪，至植物園中練習走路，至球場重學揮桿，患難見真情，感激在心。由於GBS致病率為十萬分之一，我告訴在星的朋友，我已替他們中了大獎，我認識朋友不到十萬，請他們儘管放心可也。

因我生病而無法主持民國84年的國慶的各項慶祝活動，心中對大家感覺無限歉意。由於大家的熱情支持，84年國慶買桌者達166桌，盛況空前，塞滿整個宴會場地，我對各位朋友的熱情與厚愛，十分感佩與感謝，至今心中仍感溫暖。我在新加坡服務兩年五個月，但卻僅主持過民國83年的國慶慶祝活動，因為85年國慶節前我又奉調國內服務，因而心中亦覺不無遺憾。

主持民國83年國慶酒會

19 離任前後的片段回憶

（一）回國出任銓敘部長

我自突發「急性多發週邊神經炎（GBS）」，並於台北榮總住院一個月後，雖返星繼續全心投入工作，但精神與體力大不如從前。生病期間，頓感人生無常，大有束手無策，悵然若失，前途茫茫之感。曾走訪靈泉禪寺的惟覺老和尚，得到若干開示，心始稍安。回星後又多次接受針灸電療診治，痲痹情形日有改善。

新年前後，又是一陣忙碌，一方面準備迎接新年到來，再方面要接待國內團體前來參加星國河濱迎

銓敘部長交接典禮

春的藝術表演團隊。新年剛過，有一天突然接到總統辦公室蘇主任志誠的電話。大意是層峰覺得我外放到新加坡有點委屈，希望派我前往英國出任代表，請我考慮答覆。當然英國是個大國，從年青時當外交官起，我們總覺得有一天能派駐英、美，是個人外交生涯中的巔峰。我前在總統府副秘書長任內，曾有出任駐韓大使與外交部政務次長的機會，都被李總統擋掉了。有一次，李副總統元簇先生詢我有無出任駐美代表意願，我曾表示同意，但結果仍然是「僅聞樓梯響，不見人下來」。海陸大戰以後，李總統本來有意派我駐哥斯大黎加，而我主動要求外放新加坡（前已提及）。故來新加坡是我自己的決定，並無怨言。大概是因為生病住院而引起層峰的注意，認為我是鬱鬱寡歡，以致引疾，故擬調動我去英國。回來後與內子商議，內子對於倫敦陰溼昏暗的天氣，似乎並無好感，而且在新加坡住得很習慣，朋友又多，生活又方便，離台北又近，可以得空照顧在台的岳父母，她的結論是一動不如一靜，因此我只好打消了調動的念頭，告訴蘇主任，請代謝李總統好意，將來如果有回國機會，再來報效不遲。

一九九六年開始，中國大陸對台灣的文攻武嚇，有擴大趨勢。三月間在台灣總統大選前，多次軍演並將飛彈射至基隆與高雄外海，事後雖證明屬於空砲彈，但項莊舞劍，意在沛公，不言可喻。中共本來意圖嚇阻台灣選民不去投票支持「李連」陣營，但卻由於飛彈威懾與朱鎔基之不當談話，反而成了「李連」的助選員，投票結果，「李連」

獲54%選票，與國民黨預估的48%相差了六個百分點，論者謂，此拜老共所賜也。

五月二十日，「李連」就任中華民國第九任總統、副總統。由於這是台灣第一次進行全民選舉的總統，故李總統就任後不久，更換了五院院長。行政院長先仍由連戰續任，後於1997年9月換成蕭萬長，立法院長由王金平代替劉松藩，司法院長由施啟揚代替林洋港，考試院長由許水德代替邱創煥，監察院長由王作榮代替陳履安。可以說是氣象一新。考試院長由於任期的關係，許水德始於1996年9月1日就任，關中由銓敘部長升任副院長。考試院下設有考選部、銓敘部與公務人員保障與培訓委員會，三者首長均屬特任性質的政務官。慣例上隨同院長共進退。許院長原來安排的考選部長是國民大會代理議長陳金讓兄，保訓會的主任委員是高雄中山大學的校長林基源兄，銓敘部長則安排中國國民黨高層某主管，但聞民間反應考試院似乎成了中央黨部黨工的轉進院，因許曾任國民黨秘書長，關曾任副秘書長，陳曾任組織部主任，某君則曾任青工會主任，李總統大概認為不妥，李知我有意回國服務，乃囑蘇主任來電話詢我出任銓敘部長意願，我未在黨部服務，且係特考及格而又從基層公務員做起，對於主管全國公務人員的最高人事首長職務，自忖應屬合適，與內子商議之後，欣然接受了。

駐新加坡歷任代表，自張彼德、胡炘、蔣孝武、陳毓駒到我，我算

是第五任代表，張彼德好像後來調任駐泰國大使館公使，胡炘調部後退休，蔣孝武出任駐日本代表，陳毓駒調任駐丹麥代表，只有我調回國內出任部長，在駐新加坡代表的歷史上，也算是創紀錄了。

我於接到命令後，開始分別作辭行的拜會，酬酢更多，真有點依依不捨。我在外交界先後服務三十多年，駐新加坡代表是我最愉快，亦最享受的一任。摒擋一切，於九月十八日離任，承蒙僑界盛大歡送，真是感激不盡。我自1994年4月29日抵任，在新加坡僅只兩年四個月又二十天，比之張彼得與胡炘的任期，真是短之又短了。

（二）引進新加坡制度不成，事與願違

依據中華民國80年4月22日第一屆國民大會第二次臨時會第六次大會三讀通過的「中華民國憲法增修條文」第十四條的規定：「考試院為國家最高考試機關，掌理左列事項，不適用憲法第八十三條之規定：一、考試。二、公務人員之銓敘、保障、撫卹、退休。三、公務人員任免、考績、級俸、陞遷、褒獎之法制事項。…」。為辦理國家考試，故考試院下設考選部，另為期對公務人員有確切的保障起見，又設立公務人員保障暨培訓委員會為專責保障機關。此外關於公務人員之銓敘、撫卹、退休、考績、級俸、陞遷、褒獎等事項，均歸銓敘部主管，故在三個部會中，以銓敘部之職責，最為繁重。其後又為了使公務人員之退休，得到保障，故又另設公務人員退休暨撫卹基金管理委員會，由銓敘部長以兼任主任委員身份主管（我兼管之時，基金規

模已達一千五百億新台幣之鉅，如今則已超過五千億新台幣）。一般人視銓敘部為冷衙門，殊不知，部長職責之繁與行政院之熱門部會並無二致。期間又碰到政府再造，部會調整以及精省後，省府員工之安插問題等等，確實是忙得不亦樂乎。

我在回國出任銓敘部長之前，因為心儀新加坡政府以清廉與效率而響譽全球，故對新加坡之公務人員制度加以研究，看看他山之石，是否可以攻錯。我發覺新加坡政府之所以清廉乃是對政務官及公務人員的俸給與待遇，頗為優厚，與台灣及其他開發中國家相比，可謂差之甚遠。政務官為部長、政務部長等，因為其待遇已可歸入於高收入戶，故一旦負責政務，兢兢業業，充滿抱負與理想，一展長才。新加坡由於國土狹小，人口不多，既無天然資源又無大規模之製造業，故自獨立以來，從李總理光耀以下以及政府首長，莫不充滿憂患意識，全力以赴，不僅盡全力維持其獨立與主權完整，而且更向已開發國家邁進。獨立以來45年的進步與發展，全球稱讚，此中政務官與公務人員之貢獻可圈可點。但是政務官的薪俸，是如何訂定的呢？原來依照新加坡的法律，每年自高收入的五師（醫師、律師、建築師、會計師與跨國公司的CEO）中所呈報的所得稅資料中，各取其中所得最高的十位，共五十位加以平均，再打八折，以定部長的薪俸。部長薪俸定了，再向上推演到副總理、總理、總統，向下延伸至高級政務部長、政務部長、次長等。新加坡政府的理論是，作為一個部長，他的

職責與付出，決不亞於一個跨國公司的CEO，或者是醫師、律師、建築師或會計師，為使其安於其位，且不為民間企業來挖角，故厚其給予，而事實上是五種高收入職業中的加權平均且打八折，可謂合情合理了。故其部長年薪，動輒上百萬坡幣。而我國的特任部長，即使在2010年，月薪僅新台幣十八萬元左右，一年十二個月再加上年終獎金一個半月，故年薪大約為新台幣二百五十萬左右（部長亦有特支費約每月七萬元，但需用在公務支出，憑據報銷，並非待遇的一部分）折成坡幣大概在十萬左右，與新加坡部長待遇相比，何止十倍？我出任銓敘部長以後，深覺台灣部長之薪俸實在過少，如何能恰如其分地加以調整，確屬必要。因此我在擬定政務人員俸給條例時，頗思參照新加坡制度的精神，訂定一個可以合理比照的標準，如此向上推演至副院長、院長、副總統、總統，向下延伸至政務次長、常務次長、部屬獨立單位的主管等。這一改革構想，在部裡政務會報討論時，即遭部內各單位主管的質疑，他們認為在目前中華民國政府的公務人員待遇架構裡，此一改革似乎太超前了些，恐怕亦非政府財政可以負荷，但我仍認為不妨一試。我為了使此事能有圓滿結果，我再三建議考試院許院長水德赴新加坡親自考察，在我的悉心安排下，許院長亦於民國八十六年（1997年）九月赴新加坡訪問並考察新加坡的人事制度，那次訪問，適逢中秋佳節，王總統鼎昌夫婦還在總統官邸設宴歡迎許院長一行，並在園中賞月吃月餅，盛情可感，至今懷念不已。許院長於

考察之後，對新加坡政府官員之努力、奮發、向上、無私的精神，亦表欽佩。因之，對我提出的改革構想，傾向予以支持。但是考試院的制度，凡屬政策與法案，均須送請考試院院會審議及通過，考試院院會內十九位考試委員與院長及副院長、各部會首長共同組成。考試委員超出於黨派之外，依法獨立行使職權，故而考試院屬於合議制而非首長制，本案在進入成案之前，先徵詢行政院的意見，因為行政院主管國家預算，財政為庶政之母，無錢難以辦事。行政院方面以依照此議，則等於重新變更全國公務人員之待遇結構，恐無預算可以因應。若干考試委員亦據此而不表贊成，我此一改革構想，未能實現而胎死腹中。

新加坡文官制度中另一個值得稱道的是有所謂「直升機制度」，凡進入公務系統的文官，若由直屬長官與單位主管考評後，認為值得培植，則經由不同的訓練，進修管道，加以培訓與拔擢，其升遷可較其他同仁快速，預計至三十二歲時，應該升為相當我國部會中十二職等的參事職位，可以出任主管，獨當一面。三十二歲在我國的文官系統中能夠出任部會科長，已屬萬幸，做到部會參事，至少在五、六十歲，已待退休矣。是以新加坡政府處處，時時充滿朝氣，不怕改革，以致政府效率，在世界各國之評比中，常常出類拔萃，領先他人。我亦曾試圖引進此種制度並改革整個公務人員之考績制度，以汰劣獎優，為國家晉用可造之才，如我國之每年考列甲等者在75%以上，而

考列丁等應予淘汰者，每年區區數人。以致整個文官系統，死氣沈沈，鐵飯碗不怕丟掉，而考列甲等者每年均有考績獎金可拿，視之為薪俸之一部份，理所當然，一旦改革，引起絕大反對，自在預料之中。故此一改革構想，亦未成功。我在考試院服務時，係屬第九屆，如今第十一屆考試院長關中先生於2009年9月上任後又再提出改進考績制度，聞已引起大部分公務人員之反對，世上改革之難，可見一斑。

（三）創組華新聯誼會，永固友情

我回國服務以後，有時會與曾經在新加坡服務過之各部會、銀行、國營事業、中央社等同仁聯繫，加上亞洲台商協會成立以後，亞洲台商每年會在七月間回國開會，新加坡台北工商協會作為亞洲台商總會的一份子，因此每年必定組團回國。由於老朋友的感情，總希望在台北時，能與昔日舊友晤面，但一一約會，並不實際，故鍾仕達會長與我商議，是否可以非常鬆散的方式，組成一個聯誼會，每年聚首一至兩次。我欣表同意。起先，透過我的秘書呂國霞小姐的熱心連絡，終於集成了一個名單，大概在2000年前後，每當新加坡台北工商協會的朋友組團訪台時，我們在此地的華新聯誼會的同仁，就吆喝在一起吃飯喝酒了。取名華新聯誼會，當然是中華民國與新加坡的聯誼會。每次聯誼會聚餐，多則八桌，少則六桌，有時我亦邀請新加坡駐台北的代表或副代表來參加，記得曾參加餐會者，有許國豐、柯新治、羅家良等歷任代表，而我曾駐星國的代表，有歐陽瑞雄、烏元彥、胡

為真、郭時南等，通常席間杯觥交錯，最後並以新加坡式的「飲盛」儀式，要求集體乾杯，好不熱鬧。據我所知，類似的聯誼會，有所謂「protea club」是曾經在南部非洲服務過的使館同仁，經濟參事、武官、新聞參事等人組成，每年在舊曆新年前後，舉行餐會一次，但此僅屬公務部門同仁間的友誼聚會，並無南部非洲的僑胞僑賢在內，因此華新聯誼會的組成，就顯得更為特別而值得珍惜的了。

（四）返老還童，入新國大唸EMBA

我在公務部門退休以後，為某企業延攬出任其文教基金會的董事長，以推廣公益事業。每次亦代表企業的董事長，參加台北頗為有名的「三三會」。「三三會」由台灣的四十八家大企業集團所組成，所有集團的產出，約佔全國GDP的一半以上，其重要性可想而知。他們在每個月的第三個禮拜三中午聚餐，既供聯誼又常邀政府首長溝通，故頗得企業家的讚賞，台灣若干大企業，均以參加「三三會」為榮。「三三會」最初的目的，是如何擴大與日本的企業界來往，後來漸漸增加了大陸及其他地區。在每次的聚餐中，出席的都是企業家的龍頭，或者是CEO，或者是COO、CFO，每一談及企業方面的話題，我只有洗耳恭聽的份，好奇心促使我希望對企業的經營有所了解，以便可與他們對話，至少不再是聾子打雷，有聽沒有懂。於是興起了攻讀EMBA的念頭。打聽之下，台灣各大學的EMBA，多半是在每週週末及週日上課，而且連續三年，讀起來頗不容易。後來知道新國大

（NUS）的EMBA班，是一年半的課程，先後分為六個階段，每個階段集中上課，兩週住宿與上課均在一起，階段與階段間準備作業及應考。而且學生來自亞洲各國，而上課地點則有新加坡、香港、台北、大陸、馬來西亞（最早還有美國）等地，而師資又來自上課地的著名大學。故是一個有亞洲感全球面向的課程，而攻讀者又多為亞洲各國企業中的菁英份子，學費加上食宿費用，雖較台灣各大學為高，但我仍然認為是第一選擇。於是決定應考。

考試在新加坡舉行。考試科目有經濟學、企業管理等，2002年時，我已經大學畢業了42年，要重拾書本應考，確非易事，但既不能免試，亦只得全力以赴。記得我赴新考試時，曾在旅館苦讀，而且不敢告知在新國的任何朋友，心想，萬一落第，恐貽笑柄。大概是課程主任李秀娟老師看我年紀太大，不好意思「當」我，就讓我入學了。我是新國大EMBA第二位年紀最大的學生，最大的好像是一個印尼華裔的企業家。

每一階段，密集兩週的上課，是一件非常折磨人的事，每日上課八節，晚上又得編成小組，集體作業，作個案的研究與報告，通常每晚只能睡四、五小時，第二天上課又得勉強打起精神，由於我年紀最長，大陸同學均稱我為「邱老」，更不好意思上課去夢周公，我不得不作為全班的榜樣，因此我畢業時，還得了「勤學獎」以示鼓勵，這個「勤學獎」不知死了我多少萬個細胞。

上課讀講義、看資料、寫報告，都難不倒我，但到了需用電腦作業的時候，我就傻掉了。我從未寫過程式，做過報表，尤其統計學的演練，都在電腦上作業，好不容易，將相關數字鍵入電腦，但演算終趕不上人家，著實讓我吃足苦頭。小組作業時，我多半搭在年青的大陸同學之中，這些年青人，用電腦就像我們小時候打算盤一樣，好不俐落，由於這是集體成績，小組得A，我也得A，後生小子，不知道救我多少次命。因此一年半下來，同學之間的感情，真是休戚與共，也不分你是大陸，你是台灣，你是香港了。

2003年最後一個階段，在香港與深圳進行。尤其是當我們將論文寫

全家福（攝於1995年1月於聖淘沙）

好準備答辯的時候，卻發生了SARS災情，好在我們前一日離開香港，否則我們可能都被困在酒店內，無法外出。在深圳時，不僅口罩戴上，而大陸同學習慣備用的大阪根，亦是一包難求，風聲鶴唳，神經緊繃，於是答辯亦被迫取消了，使得我們免去了上陣作戰的困擾。

畢業典禮，在新國大舉行，同學們不管老、少，都拋起了碩士帽，以示慶祝，學校又用心地贈送了每個同學碩士袍，以作紀念。是年也，我，這個老童生，已經六十七歲了，好笑不？

後記

公元2002年1月，王清鎮兄自王正彥兄的手中，接任台北工商協會第八屆的會長。他別出心裁，將原來出版的「會訊」，改為雙月刊的「新緣」，並於是年四月出刊第一期。隨後他致函筆者，希望能為「新緣」撰稿，以增篇幅，因我與新加坡關係頗深，樂於從命，擬動筆作連載性的文字，故覆函清鎮兄徵求他的意見。他於六月二十七日電傳覆函，表示同意。於是我的首篇稿子，刊出於是年七月第二期的「新緣」。自此以後，「新緣」曾經改版，但我的文章一直未曾間斷，到最後一篇登出時為止，即「新緣」第三十七期，我已經整整寫了八年。八年時間，我於「新緣」中與在新的朋友們在空中見面，八年中，透過「華新聯誼會」的交誼，我又與各位朋友在台北相見。華航的廣告詞曾說：「相逢就是有緣」，我和新加坡以及在星朋友的緣份，就不能不算是又厚又重了。

八年寫作，到此止步，無關江郎才盡，而是我與新加坡的接觸，已經逐漸減少了，題材少了，文章就難產了。

就此擱筆，並祝星、我兩國友誼永固，各位朋友

事業興旺，福體康健，家庭和睦，為祝為頌。

我和新加坡的情緣

作者◆邱進益

發行人◆王學哲

總編輯◆方鵬程

主編◆葉幗英

美術設計◆吳郁婷

出版發行：臺灣商務印書館股份有限公司

台北市重慶南路一段三十七號

電話：(02)2371-3712

讀者服務專線：0800056196

郵撥：0000165-1

網路書店：www.cptw.com.tw

E-mail：ecptw@cptw.com.tw

網址：www.cptw.com.tw

局版北市業字第993號

初版一刷：2010年10月

定價：新台幣300元

ISBN 978-957-05-2534-2

我和新加坡的情緣 / 邱進益著. -- 初版. – 臺北
　市 ： 臺灣商務, 2010.10
　　　面 ；　公分. --
　　ISBN 978-957-05-2534-2（平裝）

　1.邱進益　2.外交人員　3.回憶錄

783.3886　　　　　　　　　　　　　　　99016734